WERNER RADSPIELER

PILGERWEGE
LOURDES

Heinrichs-Verlag Bamberg

Bildnachweis:
Bayerisches Pilgerbüro, München: Seiten 25, 73
Karl Ferstl, Eichstätt: Seiten 2, 3 (kleine Bilder), 29, 102/103, 105, 171
Rudolf Meschke, Bamberg: Titelbilder, Seiten 2/3, 26, 32, 33, 39, 40, 43, 44, 45, 47, 61, 107, 111, 129, 183
Werner Radspieler, Bamberg: Seiten 27, 31, 38, 41, 42, 51, 54, 57, 98, 151, 159
Photo Viron, Lourdes: Alle anderen Bilder

Mit kirchlicher Druckerlaubnis
Bamberg, 1. Mai 1983
Dr. Heinrich Straub, Generalvikar

Foto Titelseite: Blick über den Gave auf die „Obere Basilika“. **Bild auf der Rückseite:** Die Arkaden führen hinauf zur „Oberen Basilika“. Links im Hintergrund die Burg der Stadt Lourdes. Das kleine Bild dokumentiert die Gebrechlichkeit des Menschen trotz moderner Technik und Mobilität.

CIP-Titelaufnahme der Deutschen Bibliothek

Lourdes : Gebet- und Erinnerungsbüchlein für die Pilger zur Gnadenstätte / Werner Radspieler. – 13., überarb. Aufl., Bamberg : Heinrichs-Verl., 2001
(Pilgerwege}
ISBN 3-89889-094-5
NE: Radspieler, Werner [Hrsg.]

13. Auflage 2001
Heinrichs-Verlag GmbH, Bamberg

Umschlag: Jochen Gündel
Satz und Lithografie: Fotosatz Engelhardt oHG, Hallstadt
Druck und Bindung: Tagblatt-Druckerei, Haßfurt
Printed in Germany
ISBN 3-89889-094-5

Vorwort

Unsere Zeit hat den Sinn der Wallfahrt wieder entdeckt. Wir dürfen erleben, wie die alte Tradition des Pilgerns auch bei jungen Leuten neues Verständnis findet. Die Wallfahrt zur französischen Pyrenäenstadt Lourdes hat allerdings mit nostalgischer Traditionspflege sehr wenig zu tun – sie hat einen viel tieferen Sinn. Sie ist Symbol und Zeichen für den beschwerlichen Lebensweg all jener Menschen, die unter Mühen und Opfern versuchen, Gott näher zu kommen, und nach ihrem irdischen Dasein zum Ziel in Gottes Ewigkeit gelangen wollen.

Was Paulus im zweiten Korintherbrief schreibt, verdeutlicht treffend den Sinn einer Wallfahrt:

»Wir sind also immer zuversichtlich, auch wenn wir wissen, daß wir in diesem Leib zu Hause sind; denn als Glaubende gehen wir unseren Weg, nicht als Schauende.« (2 Kor 5, 6 f.)

Das Wesentliche der Pilgerfahrt besteht also nicht so sehr darin, daß man an einem Ort verweilt – etwa in Lourdes – sondern darin, daß man unterwegs ist. »Unterwegs-Sein« – das gehört zum Wesen der Menschen, die auf dieser Erde immer als »Fremde und Gäste« leben müssen (vgl. Petr 2, 11). Unter den Bildern, die die Heilige Schrift für die Kirche bereit hält, ist uns heute das vom »pilgernden Gottesvolk« wieder sehr vertraut geworden. Seit zwei Jahrtausenden ist die Kirche unterwegs – sie ist Pilgerin durch alle Zeiten und zu allen Menschen. In unseren Tagen ist sie auf der Wanderschaft hinein in eine gottferne, übertechnisierte Welt, deren Bewohner voller Angst und Unsicherheit sind. Die pilgernde Kirche aber wird mehr als nur »Schritt halten«, sie wird vorangehen und in dieser so friedlosen und kranken Welt die richtigen Wege zeigen.

Lourdes ist ein Gnadenort der Kranken. Wer hier den Hunderten von Leidenden und Behinderten begegnet, wird sich in besonderer Weise sowohl mit dem Sinn der Krankheit als auch mit der Möglichkeit und dem Geheimnis eines Wunders auseinandersetzen müssen. Medizinische und kirchliche Kommissionen können gewiß den übernatürlichen Charakter von Heilungen feststellen oder anerkennen – was aber Gott letztlich an Gnaden schenkt, entzieht sich unserem menschlichen Zugriff. Die vielen Schwerkranken, die in Lourdes zwar nicht geheilt wurden, aber mit neuer Zuversicht und gestärktem Glauben nach Hause fuhren – man kann sie nicht registrieren! Und es gibt nicht nur leiblich Kranke! Wie viele haben in Lourdes durch die Fürsprache Mariens und durch das Erlebnis der betenden Gemeinschaft vor der Grotte ihren inneren Frieden wieder gefunden. In Lourdes geschehen nicht nur sichtbare Wunder! Es gibt vor allem die unsichtbaren Wunder an den Seelen.

In Lourdes durfte das Mädchen Bernadette die Jungfrau Maria schauen. Lourdes ist also einer jener Orte, wo göttliche Liebe sichtbar wurde, wo sich der Himmel der Erde genähert hat. Manchem fällt es hier leichter als anderswo, sich vorbehaltlos Gott zu öffnen. Im Wallfahrtsort wird die unsichtbare Brücke sichtbar, die immer zwischen Endlichkeit und Ewigkeit, zwischen Erde und Himmel, zwischen Mensch und Gott besteht. Es gäbe nicht den Pilgerweg des Menschen zum Gnadenort, wenn es nicht zuvor den Abstieg Gottes zum Menschen gegeben hätte.

»Beten Sie für mich – denken Sie auch an uns.« Wie oft bekommt man solche Worte zum Abschied gesagt, wenn man auf eine Wallfahrt geht. Das sind nicht nur fromme Floskeln im Munde der Daheimbleibenden, solche Bitten kommen aus ehrlichem Herzen. So ist der Pilger in besonderer Weise ein Mensch, der Last und Bürden der anderen mit zum Heiligtum trägt. Der Wallfahrer wird also in gewisser Weise verantwortlich für seine Brüder und Schwestern – er übernimmt die Aufgabe des fürbittenden Betens.

Der vorliegende Band soll für alle Pilger eine brauchbare Hilfe sein, in Lourdes zum rechten Gebet zu kommen. Die frühere Ausgabe, zusammengestellt von P. Gangolf Diener OFM, wurde erweitert. Die »Pilgerwege Lourdes« bestehen jetzt aus einer Dokumentation über Bernadette Soubirous, einem kurzen Führer durch den »heiligen Bezirk« und die wichtigsten Sehenswürdigkeiten der Stadt Lourdes und schließlich aus einem reichen Gebetsteil und einer Liedsammlung. Möge dieses Buch allen Pilgern ein treuer Begleiter auf dem Weg zu Jesus Christus und seiner heiligen Mutter bleiben.
Über allen Wallfahrten nach Lourdes, über allen Prozessionen auf dem Rosenkranzplatz und über allen Gebeten und Liedern vor der Grotte von Massabielle steht als wichtiges und richtungsweisendes Motto ein Wort Papst Pauls VI.: »Maria ist immer die Straße, die zu Christus führt.«

Bamberg, im Frühjahr 1984 *Werner Radspieler*

Inhalt

Gebete der Pilger

Lieder der Pilger

Bernadette Soubirous

»Die heilige Jungfrau hat sich meiner bedient . . .«

Aus dem Leben der heiligen Bernadette Soubirous (1844–1879)

Am 22. September 1909 öffnete man das Grab der Bernadette Soubirous – 30 Jahre nach ihrem Tod. Man fand den Leichnam ohne eine Spur der Verwesung. So, wie man die Tote damals vorfand, ruht sie heute in einem Glassarg in der Klosterkirche von Nevers, bekleidet mit dem schwarzen Ordenshabit, das Haupt geneigt, die Hände gefaltet. Die heilige Bernadette wurde am 8. Dezember 1933 von Papst Pius XI. heilig gesprochen. In großer Armut und Einfachheit aufgewachsen, durfte sie in der Grotte Massabielle bei Lourdes in 18 Visionen Maria, die Gottesmutter, schauen.

Gegner und Skeptiker brachten viele Einwände: ererbte Anlage zur Hysterie, eine krankhaft ausgeprägte Phantasie, ein zu stark entwickelter Geltungstrieb – aber all das, was den gesunden Menschenverstand zur Vorsicht mahnt, paßt überhaupt nicht zu Bernadettes Persönlichkeit. Selbst unter den einfachen, schlicht-gläubigen und schwer arbeitenden Menschen ihrer Heimat gab es wenige Kinder, die so natürlich und unkompliziert, ja einfältig waren wie die 14jährige Tochter des verarmten und heruntergekommenen Müllers François Soubirous.

In jenem wichtigen Jahr 1858, dem Jahr der Erscheinungen, wohnte Bernadette mit den Eltern und Geschwistern in einem düsteren und feuchten Raum des kleinen Stadtgefängnisses von Lourdes, den man »Le Cachot« – »das Loch« nannte. Ein Verwandter hatte der Familie Soubi-

Bernadette Soubirous, zeitgenössisches Porträt

rous diese armselige Behausung in der Rue des Petits-Fossés vermittelt, viel zu eng für die damals 6köpfige Familie. Zuvor hatte Vater Soubirous zuerst die Boly-Mühle am Lapaca-Flüßchen betrieben, und schließlich – nach zwei weiteren gescheiterten Versuchen – die Mühle Lacadé. François Soubirous aber konnte nicht einteilen, planen und wirtschaften; die Konkurrenz war zu groß und der Müller war alles andere als ein guter Geschäftsmann.

Bernadette war schon damals ein krankes Kind, sie hatte starkes Asthma. Die Eltern sahen es deshalb sehr gerne, daß die frühere Amme Bernadettes, die Bäuerin Marie Laguès, das Mädchen zu sich nach Bartrès holte, 3 km nördlich von Lourdes. Hier hütete Bernadette die Schafe und genoß Licht und Sonne, die sie im Cachot meist entbehren mußte. Leider war die Erholungszeit auf dem Land nur kurz. Bernadette sollte sich auf den Empfang der ersten heiligen Kommunion vorbereiten und so mußte sie in Lourdes regelmäßig zur Schule gehen.

Es war der 11. Februar des Jahres 1858. Die Bevölkerung von Lourdes feierte Fasching und überall herrschte eine ausgelassene Stimmung. Im Cachot aber hatte man keinen Grund, fröhlich zu sein. Es war sehr kalt und Vater Soubirous lag krank im Bett. Man wollte den Ofen anheizen, aber es war kein Holz mehr da. Marie, die Schwester Bernadettes, und deren Freundin Jeanne Abadie machten sich sofort auf den Weg, um Holz zu sammeln. Auch Bernadette durfte mitgehen, obwohl sie nicht gesund war; doch mußte sie außer dem üblichen Kopftuch auch das Capulet mitnehmen. Dieses Kleidungsstück war eine Besonderheit der pyrenäischen Mädchen und Frauen. Es umrahmt das Gesicht, fällt auf die Schulter herab und schützt gegen Regen und Wind. Die drei Kinder verließen die Stadt, wanderten an den Mühlen vorbei und waren bald am Ufer des Gave, dort, wo der kleine Mühlkanal in den Fluß mündet. Nur ein paar Schritte vom Kanal entfernt erhob sich der Felsen Massabielle, der »alte Felsen« – mit der großen Grotte. Hier fand man oft angeschwemmte Holzstücke und manchmal auch Knochen, die man der Lumpensammlerin verkaufen konnte. Bernadettes Begleiterinnen wateten durchs kalte Wasser des Kanals, sie selbst allerdings hatte Angst und zauderte zunächst. Als sie dann doch ihre Strümpfe ausziehen wollte, da spürte sie zuerst ein paar heftige Windstöße und dann erblickte sie in der Felsnische oberhalb der Grotte jene »schöne Dame«, die ihren Namen erst einige Wochen später kundtat. Bernadette durfte in zahlreichen Visionen die Jungfrau Maria schauen, die »Unbefleckte Empfängnis«.

Bernadette behielt auch nach den Gnadentagen der Visionen immer ihr freundliches, natürliches und bescheidenes Wesen. Fromme und auch weniger fromme Leute umdrängten sie und suchten in ihrer Gegenwart nach neuen Sensationen. Sie sollte Autogramme verteilen, Heiligenbildchen segnen oder Rosenkränze berühren – sie lehnte das alles ab: »Berührt sie doch selber, dann sind sie gerade so gut.« Als sie jemanden bemerkte, der ihren Rocksaum küssen wollte, tadelte sie: »Wie blöde, – die Leute sind wohl verrückt.«

Im Juli 1860 wird Bernadette in das Hospiz von Lourdes aufgenommen, um dort zu lernen und den Schwestern in Küche und Garten zu helfen. Dem Zustrom der Neugierigen war sie dadurch wohl entrückt, nicht aber den unzähligen Fragen der bischöflichen Untersuchungskommission, die 4 Jahre lang beobachtete und prüfte, bevor sie feierlich erklärte: »In Gottes heiligem Namen! Wir glauben, daß die Unbefleckte Gottesmutter Maria tatsächlich dem Mädchen Bernadette Soubirous erschienen ist. Die Erscheinung trägt alle Zeichen der Wahrheit und die Gläubigen sind berechtigt, sicher daran zu glauben.«

Am 3. Juli 1866 ging Bernadette in Begleitung einiger Schwestern vom Hospiz zum letzten Mal zur Grotte. Weinend küßte sie den Felsen und flüsterte: »Oh Mutter, Mutter, nie werde ich Dich vergessen können.« Sie wandte sich rasch um und ging weg, ohne sich noch einmal umzusehen. Am nächsten Tag schon verließ sie ihre Geburtsstadt und den geliebten Felsen Massabielle für immer – sie hatte um Aufnahme in das Kloster Saint Gildard zu Nevers gebeten.

War es nicht selbstverständlich, daß ein Mädchen, das die Jungfrau Maria schauen durfte, ins Kloster ging? War es nicht ganz natürlich, daß sie bei jenen Schwestern um Aufnahme bat, die sie von klein auf gut kannte? So einfach aber dürfen wir uns den Weg Bernadettes nicht vorstellen!

Wir wissen, daß ein Leben in Armut, Jungfräulichkeit und Gehorsam auch für die Seherin von Lourdes jahrelang erbetet, erkämpft und gewissenhaft vorbereitet sein wollte. Es gab durchaus ernst zu nehmende Bedenken gegen den Eintritt ins Noviziat von Saint Gildard. Sollte dieses anfällige, fast gebrechliche Mädchen wirklich zum entsagungsreichen Ordensleben berufen sein? Würde eine derart ungebildete und sicher auch nicht sehr bildungsfähige Schwester überhaupt in den Konvent passen? Muß man nicht gerade bei ihr besonders gewissenhaft prüfen, ob sie nicht aus purem Ehrgeiz den Weg ins Kloster wählt? Und wie werden die Mitschwestern auf die »Neue« reagieren – vielleicht wird sie »etwas Besseres« sein wollen und sich deshalb nicht in die Gemeinschaft einordnen können. Fragen über Fragen!

So lebte Bernadette in Sorge und Erwartung: Was soll sie tun? Wird Gott ihr ein Zeichen geben? Wird sie den rechten Weg finden und ihre Berufung erkennen?

Im Jahre 1863 kam Licht in dieses Dunkel. Bernadette half damals der Krankenschwester im Hospiz und mußte sich um einige sehr schwierige Pflegefälle kümmern. Hier erlebte sie zum ersten Mal ihre eigene Begabung und erkannte ihre pflegerischen Fähigkeiten. Sie machte die beglückende Erfahrung, gebraucht zu werden und wirklich nützlich zu sein. Auch was sie als Schneiderin und Stickerin leistete, war beste Arbeit. Nebenbei betätigte sie sich noch als Kindermädchen – mit ausgezeichnetem Erfolg. In all dem sah Bernadette mit Recht Zeichen ihrer Berufung. Ein ernstes Gespräch mit Bischof Forcade von Nevers bestätigte die Lauterkeit ihres Wunsches und bestärkte ihren Entschluß. Nach weiteren 3 Jahren, am 29. Juli 1866, wurde Bernadette zusammen mit 42 anderen Postulantinnen eingekleidet – jetzt war ihr Name: Schwester Marie-Bernard.

Schon wenige Wochen danach mußte Schwester Marie-Bernard die Krankenstation des Klosters beziehen und ihr Zustand verschlechterte sich von Tag zu Tag. Unter großen

Schmerzen wurde sie zusehends schwächer. Aus diesen Tagen ist uns folgendes kurzes Gespräch überliefert, das die vorbildliche Geduld der Schwerkranken bezeugt. Die Oberin besuchte Marie-Bernard und sagte zu ihr: »Na, was machen sie denn da, kleine Faulenzerin?« – »Meine liebe Mutter, ich fröne meiner Beschäftigung« – »Und was für eine Beschäftigung ist das?« – »Kranksein«, antwortete Bernadette freundlich. Bischof Forcade kam selbst ans Krankenbett und gab die Erlaubnis, daß die Kranke vorzeitig die Ordensgelübde ablegen dürfe. Marie-Bernard war zu schwach, um zu sprechen. So sprach ihr der Bischof die Worte der Gelübdeformel vor und Marie-Bernard antwortete nur: „Amen".

Im Frühjahr 1867 konnte Bernadette das Noviziat erneut aufnehmen, aber sie wurde nie wieder ganz gesund. Sie blieb zeitlebens eine Leidende – ihre Leiden aber waren nicht nur körperlicher Art. Die Mitschwestern in Saint Gildard hatten leider nicht alle das rechte Verständnis für die einfache und doch sehr sensible Bernadette. Es gab Ungerechtigkeiten, manch unverdiente Härten und wohl auch Demütigungen. Weil die Noviziatsleiterin und Bernadette sehr unterschiedliche Temperamente hatten, ganz verschieden erzogen worden waren und auch ihre geistigen Interessen weit auseinandergingen, ergaben sich für beide immer wieder Konflikte. Einmal wurde Bernadette gefragt, ob sie über das Verhalten der Novizenmeisterin nicht empört sei. »Oh nein« rief Bernadette, »Mutter Novizenmeisterin hat ja recht, weil ich immer noch zu stolz bin. Aber ich werde an mir arbeiten und mich bessern!« Bernadettes Prüfungen während der Klosterjahre gehörten sicher auch zum gottgewollten Lebensweg dieser Heiligen. Ihr Weg sollte in der Nachfolge Jesu ein Kreuzweg sein.

Eines Tages betrachteten Schwester Marie-Bernard und eine andere Mitschwester eine Photographie der Grotte von Lourdes. Sie unterhielten sich über die Gnaden der Marienerscheinungen und Marie-Bernard fragte:
»Was tut man mit einem Besen?«

»Welch eine komische Frage! Man braucht ihn zum Kehren!«
»Und nachher?«
»Dann stellt man ihn wieder an seinen Platz.«
»Wo ist sein Platz?«
»In einer Ecke hinter der Türe.«
»Sehen Sie, das ist meine Geschichte. Die heilige Jungfrau hat sich meiner bedient; dann wurde ich in eine Ecke gestellt. Das ist mein Platz, da bin ich glücklich und da bleibe ich.«

Anfang des Jahres 1879 wurde Schwester Marie-Bernard immer leidender. Eine schleichende Knochentuberkulose fesselte sie ans Bett. Ein qualvolles Ringen mit dem Tod blieb ihr nicht erspart. Auch die Todesangst mußte sie erleben – »Ich habe Angst«. Schwester Marie-Bernard starb nach einem langen schweren Todeskampf am 16. April 1879 mit dem letzten demütigen Gebet: »Heilige Maria, Mutter Gottes, bitte für mich arme Sünderin – arme Sünderin . . .«

»Die Grotte war mein Himmel . . .«

Erlebnisse der heiligen Bernadette am Felsen Massabielle im Jahre 1858.

1. Erscheinung – Donnerstag, 11. Februar

Bernadette geht mit ihrer Schwester Marie und einer Freundin zum Ufer des Gave, um Holz zu sammeln. Der heutige »heilige Bezirk« war damals vom schmalen Savy-Kanal durchzogen, der – von den Mühlen kommend – am Felsen Massabielle vorbeifloß und dann in den Gave mündete. Bernadette will – wie die anderen Mädchen – den schmalen Kanal durchwaten und zur Felsengrotte gehen. Da spürt sei zweimal einen heftigen Windstoß. Dann blickt sie nach oben und sieht in der Felsnische über der Grotte eine »schöne Dame« in weißem Kleid, mit weißem Schleier und blauem Gürtel angetan. Auf den bloßen Füßen der Dame erkennt Bernadette zwei gelbe Rosen. In der rechten Hand hält die Fremde einen Rosenkranz. Bernadette kniet nieder, bekreuzigt sich und betet den Rosenkranz.

2. Erscheinung – Sonntag, 14. Februar

Die Mutter Bernadettes gibt nach längerem Drängen einiger Nachbarmädchen ihrer Tochter die Erlaubnis, noch einmal zum Felsen Massabielle zu gehen. Bernadette nimmt diesmal vorsorglich Weihwasser mit. Sie betet mit den anderen Kindern vor der Grotte. Bald erlebt Bernadette wieder die Erscheinung und besprengt die Dame mit Weihwasser. Bernadette spricht sie an: »Wenn Sie von Gott kommen, treten Sie näher«. Die Dame tritt tatsächlich bis zum Rand der Grotte vor. Sehr rasch verbreitet sich in Lourdes die Nachricht von diesen Ereignissen.

3. Erscheinung – Donnerstag, 18. Februar

Diesmal begleiten zwei Frauen Bernadette zur Grotte. Sie reichen dem Mädchen Papier und Feder – die Dame möge aufschreiben, wer sie sei und was sie wünsche. »Was ich zu sagen habe, brauche ich nicht aufzuschreiben«, antwortete die Dame und fügt hinzu: »Willst Du die Güte haben, 14 Tage nacheinander hierher zu kommen?« Bernadette bejaht. Darauf die Dame: »Ich verspreche Dir nicht, Dich in dieser Welt glücklich zu machen, wohl aber in der anderen.«

4. Erscheinung – Freitag, 19. Februar

Die Mutter, Louise Soubirous, und einige Frauen begleiten Bernadette. Nach kurzem Gebet vor der Grotte ist das Mädchen von der Erscheinung so sehr ergriffen, daß eine der Frauen ruft: »Bernadette stirbt!« Auf dem Heimweg erklärt dann die Seherin, sie habe vom Fluß her einen schrecklichen Lärm und furchterregende Stimmen gehört – die schöne Dame aber habe Tosen und Lärmen verstummen lassen. Bernadette freut sich sehr darüber, daß sie von der fremden, weiß gekleideten Frau für ihr treues Kommen gelobt wurde: »Sie hat mir für mein Kommen gedankt!«

5. Erscheinung – Samstag, 20. Februar

Etwa 100 Menschen warten bei der Grotte auf Bernadette. Man hört, wie das Kind während der Vision immer wieder ein »Ja« flüstert. Später erklärt Bernadette, die Dame habe sie Wort für Wort ein Gebet gelehrt, das nur für sie allein bestimmt sei.

6. Erscheinung – Sonntag, 21. Februar

Diesmal ist auch der Arzt von Lourdes dabei, Dr. Dozous; er will prüfen, ob Bernadette das Opfer einer Sinnestäuschung geworden ist. Er erklärt aber, daß er keine Anzeichen einer nervösen Überreizung oder Hysterie gefunden habe. Bernadette berichtet über diese Vision: »Ich fragte die Dame, was sie so traurig mache. Sie sagte zu mir: ›Bete für die Sünder‹«. Dieser Tag endete für Bernadette mit Angst und Aufregung – sie wird vom kaiserlichen Staatsanwalt und vom örtlichen Polizeikommissar verhört. Dies ist für Vater Soubirous Anlaß genug, seiner Tochter alle weiteren Besuche an der Grotte zu verbieten.

Montag, 22. Februar

Bernadette will – wie der Vater es befohlen hatte – nicht mehr zur Grotte gehen. Doch als sie in die Nähe des Weges kommt, der zum Gave-Ufer führt, wird sie von einer unwiderstehlichen Macht dorthin gezogen. Aber diesmal kann Bernadette die Dame in der Felsnische nicht sehen. Trostlos weinend und enttäuscht geht sie nach Hause.

Getroffen durch diesen tiefen und aufrichtigen Schmerz des Kindes nimmt der Vater sein Verbot wieder zurück.

7. Erscheinung – Dienstag, 23. Februar

Bernadette darf also wieder zur Grotte, sie ist in Begleitung ihrer Mutter. Etwa 200 Personen wollen Zeugen der Erscheinung sein. Die Dame zeigt sich wieder und teilt Bernadette drei Geheimnisse mit, die sie niemals preisgeben darf.

8. Erscheinung – Mittwoch, 24. Februar

Die Menschenmenge nimmt zu – etwa 500 Personen versammeln sich an der Grotte. Während der Visionen wendet sich Bernadette plötzlich zu den umstehenden Neugierigen. Die Leute sehen das weinende Gesicht des Mädchens, das ihnen laut zuruft: »Buße, Buße, Buße«.

9. Erscheinung – Donnerstag, 25. Februar

Die Dame befiehlt: »Trinke aus meiner Quelle und wasche Dich darin! Iß von den Kräutern, die Du dort findest!« Da Bernadette von keiner Quelle weiß, geht sie zuerst zum Gave; die Dame aber schickt sie gleich wieder zur Grotte zurück. – Dort – auf der linken Seite – kratzt die Seherin gehorsam die Erde weg und unter ihren Händen zeigt sich ein Rinnsal. Dann trinkt Bernadette vom noch schlammigen Wasser und wäscht sich damit. Am nächsten Tag wird die Quelle völlig rein und klar.

Freitag, 26. Februar

An diesem Tag hat Bernadette keine Vision. Dennoch ist dies ein wichtiger Tag: Ein sterbenskrankes Kind wird in das Wasser der Quelle getaucht – es wird gesund. Ein Steinmetz von Lourdes, Louis Bouriette, der 19 Jahre vorher bei einer Explosion seine Augen unheilbar verletzt hatte, wird durch das Quellwasser geheilt.

10. Erscheinung – Samstag, 27. Februar

Die Zuschauer sind erstaunt darüber, daß Bernadette auf den Knien liegt und immer wieder den Boden küßt. »Küsse die Erde zur Buße für die Sünden!«, so hatte die Dame zu ihr gesprochen. Dann vernimmt Bernadette die Worte: »Geh und sag den Priestern, sie sollen hier eine Kapelle bauen lassen.«

11. Erscheinung – Sonntag, 28. Februar

Über 2000 Menschen nützen diesen Tag zum Besuch der Erscheinungsstätte. Die Dame macht der Seherin einige vertrauliche Mitteilungen, die ihr in den kommenden Leiden und Prüfungen zu Mut und Geduld verhelfen werden. Am gleichen Tag muß Bernadette vor den Untersuchungsrichter, der ein längeres Verhör anstellt und ihr mit dem Gefängnis droht, wenn sie zur Grotte zurückkehre. Unbeirrt aber antwortet Bernadette: »Ich habe der schönen Dame versprochen, zu kommen.«

12. Erscheinung – Montag, 1. März

Zum ersten Mal begleitet François Soubirous seine Tochter zum Felsen von Massabielle. Etwa 1300 Personen werden Zeugen der Vision, in der Bernadette zu einem schlichten und bedürfnislosen Leben ermahnt wird. Eine Freundin nämlich hatte Bernadette einen Rosenkranz geliehen, der viel schöner und wertvoller war als der bisher gebrauchte. Die Dame fragt: »Was ist aus Deinem Rosenkranz geworden?« Bernadette nimmt ihn aus der Tasche und zeigt ihn. Da sagt die Dame: »Benütze doch diesen Rosenkranz.«

13. Erscheinung – Dienstag, 2. März

Etwa 2000 Andächtige und Neugierige haben sich bei der Grotte eingefunden. Die Erscheinung erinnert an ihren Wunsch vom 27. Februar: »Geh und sage den Priestern, sie möchten hier eine Kapelle bauen lassen«, und sie fügt noch hinzu: »Sobald wie möglich – auch wenn sie noch so klein ist. Ich will, daß man in Prozessionen hierher zieht.« Bernadette geht mit diesem Auftrag zu Pfarrer Peyramale. Der aber ist skeptisch und verlangt Beweise: »Die Dame soll ihren Namen sagen und die Heckenrosen in der Grotte sollen erblühen.«

14. Erscheinung – Mittwoch, 3. März

Am frühen Morgen kommt Bernadette zum Erscheinungsort – 4000 Menschen warten auf das Kind. Bernadette aber erlebt eine bittere Enttäuschung. Nach längerem Beten verkündet sie den Umstehenden: »Sie ist mir nicht erschienen.« Bernadettes Kummer ist groß. Voller Erwartung geht sie am späten Vormittag noch einmal zum Gnadenort. Diesmal aber zeigt sich die Erscheinung und das Mädchen vernimmt die Worte: »Du hast mich am Morgen nicht gesehen, weil Leute hier waren, die nur beobachten wollten, wie Du Dich in meiner Gegenwart benimmst. Sie waren dieser nicht würdig, weil sie während der Nacht die Grotte entehrt haben.«

15. Erscheinung – Donnerstag, 4. März

Es ist der letzte Tag der 14maligen Besuche. Polizei und Soldaten sind aufgeboten, um bei den Tausenden von Zuschauern die Ordnung aufrecht zu erhalten. Eine Stunde lang sieht man Bernadette im Gespräch mit der Erscheinung. Aber die Menge geht enttäuscht auseinander: Die Dame hatte keinen Namen gesagt und der Rosenstrauch war nicht erblüht. – Für Bernadette beginnt eine stille Zeit, sie zieht sich zurück. Sie pilgert zwar öfters zum Ort der Erscheinungen, aber die Dame zeigt sich nicht.

16. Erscheinung – Donnerstag, 25. März

Am Fest Maria Verkündigung besucht Bernadette zuerst die Messe in der Pfarrkirche und eilt dann zur Grotte. Sie muß diesmal nicht auf die Dame warten – die Dame wartet bereits auf Bernadette. Vom Ortspfarrer Peyramale angeleitet fragt das Mädchen dreimal: »Madame, haben Sie die Güte, mir zu sagen, wer Sie sind?« Nach der dritten Frage faltet die Dame ihre Hände und antwortet im Dialekt von Lourdes:

»Qué soy éva Immaculada Councepciou«
»Ich bin die Unbefleckte Empfängnis«

Erstaunt vernimmt der Geistliche diese Botschaft aus dem Mund Bernadettes, die sich der Tragweite und Wichtigkeit dieses Namens in keiner Weise bewußt ist. Aus dem hartnäckigen Zweifler Peyramale wird ein glühender Verteidiger der Visionen von Lourdes.

17. Erscheinung – Mittwoch, 7. April

Die Zuschauermenge betet: »Maria, ohne Sünde empfangen, bitte für uns«. Bernadette hält während der Verzückung ihre Hand eine Viertelstunde lang über eine brennende Kerze, ohne sich zu verbrennen. Dr. Dozous steht in nächster Nähe der Seherin, beobachtet sie genau und bestätigt dieses »Kerzenwunder«.

18. Erscheinung – Freitag, 16. Juli

Die Grotte ist polizeilich gesperrt und mit einem Zaun geschlossen. Vom jenseitigen Ufer des Gave blickt Bernadette zur Grotte hinüber. Glückstrahlend ruft sie ihren Freundinnen zu: »Da ist sie! Sie grüßt uns und lächelt über den Zaun hinweg zu uns.« Die schöne Dame nickt Bernadette zu und verabschiedet sich. »Niemals sah ich sie so schön« – so schildert Bernadette später diesen Abschied.

Die Grotte Massabielle zur Zeit der Erscheinungen

Aus dem Gebetbuch Bernadettes

Einen Einblick in das Gebetsleben der heiligen Bernadette geben uns ihre »Geistlichen Notizen«. Es handelt sich dabei um eine Sammlung von Texten, die sie als Schwester Marie-Bernard aus der ihr bekannten geistlichen Literatur übernahm und handschriftlich zusammenstellte. Einen Höhepunkt dieser sehr persönlichen Aufzeichnungen bilden folgende Zeilen über die »Verlassenheit des Herrn«:

Jesus, der Du verlassen und gleichzeitig Zuflucht für untröstliche Seelen bist, Deine Liebe hat mich gelehrt, daß ich meine ganze Kraft aus Deiner Verlassenheit schöpfen muß . . . Wie Du mir durch Deinen Tod das Leben gegeben und mich durch Deine Schmerzen befreit hast, so hast Du auch durch Deine Verlassenheit bewirkt, daß mich der himmlische Vater niemals verläßt. Er wird mir immer in seiner Barmherzigkeit nahe sein, auch wenn ich noch so verlassen sein sollte . . .

Jesus, Licht meiner Seele, erleuchte meine Augen in der Zeit der Heimsuchung und des Leidens. Wenn es gut für mich ist, zu leiden, so nimm keine Rücksicht auf meine Ängste, noch auf meine Schwachheit. Lehre mich Dich zu suchen, mein einziger Tröster. Stärke meinen Glauben und meine Hoffnung, gib mir eine reine Liebe und die Gnade, Deine Hand zu erkennen, und nie einen anderen Tröster zu suchen als Dich. Demütige oder erniedrige mich, wenn es Dein Wille ist. Tröste mich nicht, bevor ich Leiden und Ausharren im Schmerz bis zum Tod gelernt habe. Denn die Gnaden, die ich von Dir erbitte, sind ja die Früchte Deiner Verlassenheit. Laß Deine Güte durch meine Schwäche sichtbar werden – mein Jesus, einziger Zufluchtsort meiner Seele . . .

Gebet zur heiligen Bernadette

Heilige Bernadette, als schlichtes und reines Kind hast du achtzehnmal in Lourdes die Unbefleckte Jungfrau schauen und ihre Botschaft entgegennehmen dürfen. Nach dieser Auszeichnung, die der Himmel dir gewährt hatte, verließest du die Welt, um dein weiteres Leben in der Einsamkeit als Sühnopfer für die Sünder Gott dem Herrn zu weihen. Erflehe uns diesen Geist der Reinheit, der Bescheidenheit und des Opfers, der dann auch uns eines Tages zur ewigen Anschauung Gottes und seiner jungfräulichen Mutter im Himmel führen wird. Amen.

Der Rosenkranzplatz

Rund um den »heiligen Bezirk«

Die Esplanade

Sie erstreckt sich von der Brücke St. Michel bis zum Rosenkranzplatz vor der Basilika. Ihre breiten, von Bäumen beschatteten Straßen bilden einen idealen Prozessionsweg. Zur Zeit der Erscheinungen war die heutige Esplanade eine Wiesen- und Weidelandschaft, durchzogen vom Mühlbach, dem »Kanal«. Es standen dort nur die Gebäude der Sägemühle Savy. Seit 1874 begann man, das sumpfige Gelände aufzuschütten und zur Esplanade auszu-

Accueil Saint-Frai

bauen. – In der Nähe des Eingangstores zum »heiligen Bezirk« finden wir die 12 m hohe »Bretonische Kreuzigungsgruppe« aus Granitstein. Auf dem Sockel des Kreuzes liest man in lateinischer, französischer und bretonischer Sprache: „O Kreuz, einzige Hoffnung!« – am anderen Ende – Richtung Basilika und Grotte – wird die Esplanade vom Standbild der »Gekrönten Madonna« (La Vierge Couronnée) begrenzt. Diese 2,5 m hohe Statue wurde 1876 vom Nuntius in Paris als dem päpstlichen Gesandten feierlich gekrönt. Das schmiedeeiserne Gitter um den Sockel des Denkmals ist immer mit frischen Blumen geschmückt.

Das Forum Information

Besonders für kleine private Pilgergruppen und auch für Einzelreisende kann das *Forum Information* eine große Hilfe werden. Es liegt gegenüber dem Accueil Jean Paul II., gleich in der Nähe der »Gekrönten Madonna«. Hier kann man sich in allen wichtigen Fragen beraten lassen und seine Wünsche für Gottesdienste und andere Veranstaltungen vorbringen. In vielen Sprachen werden die Ratsuchenden über die Angebote der Wallfahrtsseelsorge unterrichtet – auch durch einen Kurzfilm. Außerdem gibt es im *Forum Information* verschiedene größere und kleinere Versammlungsräume für Erwachsene und Jugendliche, die dort ihre Abende gestalten können. Und noch etwas: Wer Meßstipendien abgeben möchte, ist hier an der richtigen Stelle. Im Gebäude hinter dem *Forum Information* – in Richtung Josefstor – findet man einen Laden mit Büchern, Zeitschriften, Musikkassetten und anderem Informationsmaterial. Dort ist auch das offizielle Pressebüro von Lourdes.

Accueil Jean Paul II.

In diesem historischen Gebäudekomplex entlang der Esplanade (eine ehemalige Krankenherberge) gibt es mehrere Vortrags- und Gottesdiensträume. Täglich wird hier in der Kapelle Pater Kolbe um 11 Uhr eine heilige Messe in deutscher Sprache gefeiert.
Dass Gebäude beherbergt außerdem das Ärztebüro und die Verwaltung der Hospitalität (Krankendienst) sowie die Erste-Hilfe-Station.

Die Beichtkapelle

Zusammengebaut mit dem Accueil Jean Paul II. liegt in Richtung der Grotte die Beichtkapelle. Die Pilger finden sie etwa in Höhe der »Gekrönten Madonna« – eine Statue des knieenden Pfarrers von Ars, des hl. Johannes Maria Vianney, weist den Weg. Täglich von 9 – 11 Uhr und von 15 – 18 Uhr ist Beichtgelegenheit, auch in deutscher Sprache. Der Saal über der Beichtkapelle ist nach Johannes Paul I. benannt.

Der Rosenkranzplatz

Zwischen der Statue der »Gekrönten Madonna« und dem Portal der Rosenkranzbasilika liegt – 130 m lang und 85 m breit – der Rosenkranzplatz. Im Süden und Norden wird er von mächtigen Arkaden begrenzt, die zur »Oberen Basilika« führen, und wie weit ausladende Arme die Pilgerscharen begrüßen und umfassen wollen. Staunend steht der Betrachter vor den drei übereinander gebauten Kirchen. Die im neugotischen Stil gehaltene Baugruppe ist in zwei Abschnitten entstanden.
Schon 1862 begann man damit, den oberen Teil des Felsens Massabielle für das Fundament einer großen Wallfahrtskirche zu ebnen. Vier Jahre später, im Mai 1866, wurde im Beisein

Rosenkranzbaslika und „Obere Basilika“

Bernadettes die »Krypta« eingeweiht – 1876 dann die »Obere Basilika«. Sie ist der »Ohne Erbsünde empfangenen Gottesmutter Maria« gewidmet.

Nach zwei Jahrzehnten wurde wegen des rasch wachsenden Pilgerstromes ein weiterer Kirchenbau notwendig. Dieses neue Gotteshaus und die bisher bestehenden Kirchen sollten zu einer harmonischen Einheit verbunden werden. Nach sechsjähriger Bauzeit wurde im Jahre 1901 die ebenerdige Rosenkranzbasilika, die »Untere Basilika« konsekriert.

Die Krypta

Der Architekt der »Oberen Basilika« und der »Krypta« war Hippolyte-Louis Durand. Wir betreten diese älteste der Wallfahrtskirchen von Lourdes, geweiht am Pfingstfest 1866, durch einen 25 m langen Gang, dessen Mauern ganz mit Votivtafeln aus rotem Marmor verkleidet sind. Die Krypta ist dreischiffig und hat fünf Altarnischen, die – von links nach rechts – dem heiligen Petrus, dem heiligsten Herzen Jesu, der Gottesmutter Maria, dem heiligen Josef und dem heiligen Evangelisten Johannes geweiht sind. Der Johannes-Altar liegt genau 12 m über der großen Marienstatue der Grotte.

In der Zeit von Allerheiligen bis Ostern ist in der Krypta das Allerheiligste ausgesetzt; die Pilger finden hier die nötige Ruhe für das meditative, persönliche Beten.

Die »Obere Basilika«

Die einschiffige »Obere Basilika« liegt etwa 20 m über dem Gave und krönt den Felsen von Massabielle. Im Inneren der Kirche sind besonders die farbigen Glasfenster bemerkenswert, entworfen vom Pariser Kanonikus Lambert. Die obere Fensterreihe stellt Szenen aus der Heilsgeschichte dar, die zum Geheimnis der ohne Erbsünde empfangenen Gottesmutter in Be-

Das Innere der „Oberen Basilika“

ziehung stehen. Die Bilder der unteren Reihe schildern vor allem die Marienvisionen der heiligen Bernadette.

An den Wänden von Kirchenschiff und Chor fallen die vielen Votivherzen auf, die zu Buchstaben und ganzen Sätzen zusammengefügt sind. Sie haben die Worte Marias an Bernadette zum Inhalt, z. B. »Bete für die Bekehrung der Sünder!« oder »Ich bin die Unbefleckte Empfängnis«. Votivgaben aller Art schmücken die Kirche: Schiffsmodelle aus Seenot geretteter Matrosen, Säbel und andere Erinnerungsstücke aus Kriegszeiten, Armbinden von Erstkommunikanten, Kränze von Neuvermählten und vieles mehr. Auffallend sind die Fahnen aus den verschiedenen Diözesen Frankreichs und der ganzen Welt.

Vor der Rosenkranzbasilika zur Zeit der Dachsanierung

Auch jene Fahne ist zu sehen, die der erste deutsche Pilgerzug 1875 mitgebracht hat. Sie trägt die Aufschrift: »Die Katholiken Deutschlands bitten, o unbefleckte Jungfrau, um deinen mütterlichen Schutz für Kirche und Vaterland. Königin des Friedens, bitte für uns«.

Der 70 m hohe Turm der Basilika birgt sechs Glocken. Beim Stundenschlag ertönt das Glockenspiel und läßt die Melodie des Ave-Maria-Liedes von Lourdes erklingen.

Die Rosenkranzbasilika

Das Aufblühen der Wallfahrt von Lourdes fiel in eine Epoche christlicher Kunst, die nicht viele neue und eigenständige Ideen entwickelte. Damals schaute man zurück in die Zeit des Mittelalters und versuchte, die Stilelemente der Romanik und Gotik wieder aufleben zu lassen. Der Architekt Léopold Hardy schuf mit der Rosenkranzbasilika im neuromanisch-byzantinischen Stil einen der bedeutendsten Sakralbauten der Jahrhundertwende in Frankreich. Die Kirche hat den Grundriß eines griechischen Kreuzes, sie ist 48 m lang und 52 m breit. Das Relief über dem Hauptportal weist auf den Titel des Gotteshauses hin: Maria mit dem Jesuskind auf dem Knie überreicht dem heiligen Dominikus den Rosenkranz.

Der Besucher der Basilika ist stark beeindruckt von dem monumentalen Mosaikbild in der Apsis über dem Hauptaltar: Die Gottesmutter, von Engeln umgeben, breitet ihren Schutzmantel über alle aus, die vertrauensvoll zu ihr kommen. Die Inschrift lautet: »Durch Maria zu Jesus.« Über der Vierung wölbt sich die 22 m hohe Kuppel mit den vielen Rundfenstern, den »oculi«, durch die das Kircheninnere sein Licht erhält. In den 15 Chorkapellen des Haupt- und Querschiffes sind die Geheimnisse des freudenreichen, des schmerzhaften und des glorreichen Rosenkranzes dargestellt.

Die Grotte

Die Grotte im Felsen Massabielle, dem »alten Fels«, ist das erste Ziel aller Lourdes-Pilger. In der Nische über der Grotte erschien im Jahre 1858 die Jungfrau Maria achtzehnmal der damals vierzehnjährigen Bernadette. Die Grotte selbst ist im damaligen Zustand erhalten geblieben – nur den Fußboden hat man geebnet. Die Quelle, die Bernadette am 25. Februar 1858 auf Weisung der »schönen Dame« in der Grotte entdeckte, ist heute gefaßt und mit einer Glasscheibe abgedeckt. – Stark verändert wurde aber die nächste Umgebung des Gnadenortes: Der Mühlbach (Kanal), der nahe bei der Grotte in den Gave mündete, wurde zugeschüttet, und das Flußbett des Gave etwa 50 m zurückverlegt, so daß sich heute eine sehr große Schar von Betern versammeln kann. Die große Marienstatue in der Nische wurde 1863/64 von Prof. Fabish aus Lyon nach der Beschreibung der Seherin geschaffen. Aber Bernadette war darüber ent-

Konzelebration in der Grotte

täuscht: »So ist sie – und so ist sie doch wieder nicht!« Im Fußboden vor der Grotte ist mit einer beschrifteten Steinplatte jene Stelle gekennzeichnet, von der aus Bernadette die Gottesmutter schauen durfte.

In einem der ersten Berichte über die Ereignisse von 1858 in deutscher Sprache heißt es:

»Die Stätte der Erscheinung war ein wilder und rauher Felsen, Massabielle genannt, der am Ufer des Gave emporsteigt und in seinem Innern eine ziemlich geräumige Höhle besitzt. Obgleich nur in geringer Entfernung unterhalb der Stadt Lourdes gelegen, gab es doch im Jahr 1858 in der ganzen Umgebung des so belebten Städtchens kaum einen einsameren und öderen Ort als diesen schwer zugänglichen Felsen und die Höh-

le, über die er sich wölbte. Denn er war durch den Fluß und überdies durch einen Mühlkanal, der hart an ihm vorüberströmte, vom Verkehr abgeschnitten, während auf der Rückseite schroffe Felsenhöhen, mit wildem Gestrüpp überwachsen, den Zutritt überaus schwierig und mühselig machten. Weiter abwärts am Flußufer dienten die öden Abhänge, welche Stadteigentum waren, zuweilen als Weideplatz für Schweine, und die Hirten, wie auch die Fischer, die hierherum ihr Handwerk trieben, flüchteten gern in die Höhle, wenn sie vom Regen überrascht wurden ... Bemerkenswert ist endlich auch der Umstand, daß die Höhle von Massabielle, ehe sie durch die himmlische Erscheinung verherrlicht wurde, ganz und gar in keinem Ansehen stand, sondern im Gegenteil allgemein mißachtet wurde, ja im Volksmund sogar einen verächtlichen Klang hatte. Wenn man in Lourdes einen recht dummen und rohen Menschen bezeichnen wollte, so pflegte man sprichwörtlich zu sagen: ›Man meint, er wäre in der Höhle von Massabielle geboren.‹ – Nur für Fischer und Viehhirten war dieselbe zuweilen gut genug, um dort Aufenthalt zu nehmen, und in dieser Niedrigkeit hatte sie eine bedeutsame Ähnlichkeit mit der Höhle von Bethlehem, die ja ebenfalls ein niedriger Ort war, wo nur Vieh und Hirten hausten.«

(Aus: Arthur Schott, »Die Wunder von Lourdes«, Stuttgart 1886)

Die Bäder

Die »schöne Dame« sagte zu Bernadette: »Geh' zur Quelle, trinke daraus und wasche dich« (9. Erscheinung am 25. Februar 1858). Viele Pilger – Gesunde und Kranke – besuchen deshalb die Piszinen und baden im Wasser von Lourdes. 14 Kabinen, je 7 für Männer und Frauen, wurden 1958 in der heutigen Form errichtet. Freiwillige, ehrenamtliche Helferinnen und Helfer stehen den Badenden mit Rat und Tat zur Seite.

Immer wieder wurden kranke Pilger im Wasser der von Bernadette entdeckten Quelle gesund – bis heute. Noch im Jahr der

Marienstatue von Prof. Fabish in der Grotte ▶

QUE SOY
ERA

Die Badehallen

Erscheinungen, 1858, ereigneten sich die ersten Heilungen, von denen die von Bischof Laurence von Tarbes in den Jahren 1860/62 eingesetzte Untersuchungskommission sieben anerkannte. Das Wasser aus der Quelle von Massabielle soll besonders auf die innere Heilung des von der Sünde verwundeten Menschen hinweisen; es ist Symbol für das Wasser der Taufe, durch die der Christ »aus Wasser und Geist« ein neues Leben empfängt (vgl. Joh. 3,5). Das Untertauchen im Bad ist nicht zuletzt Zeichen der Bußgesinnung des Pilgers und erinnert an die mahnende Predigt des taufenden Johannes: »Wer zwei Gewänder hat, der gebe eines davon dem, der keines hat – und wer zu essen hat, der handle ebenso!« (Lk 3,10)

In der unterirdischen Basilika St. Pius X.

Die Basilika St. Pius X.

Die Basilika St. Pius X. ist die größte unterirdische Kirche der Welt – über 25 000 Beter können sich in ihr versammeln. Am 25. 3. 1958, dem Fest der Verkündigung des Herrn, weihte Kardinal Roncalli, der spätere Papst Johannes XXIII., dieses einzigartige Gotteshaus. So wurde die Piuskirche ein Festgeschenk zum 100jährigen Jubiläum der Erscheinungen. Die unterirdische Halle ist fast 200 m lang und 80 m breit; das Gewölbe aus Stahlbeton wird von 58 Pfeilern getragen. Mit Recht wurde der Architekt dieser gewaltigen Anlage, Pierre Vago, mit dem Architekturpreis ausgezeichnet. Der Prozessionsweg im Oval der Kirche ist etwa 500 m lang.

In der Sakramentskapelle an der Nordseite, der Pax-Christi-Kapelle, wird das Allerheiligste aufbewahrt. Sie erinnert die Pilger besonders an das Gebet für den bedrohten Frieden unter den Völkern. Eine weitere Nebenkapelle liegt an der Ostseite; sie ist der hl. Therese von Lisieux geweiht.

12. Station – Jesus stirbt am Kreuz

Der Kreuzweg

Der Pilgerweg des Christen ist Zeit seines Lebens auch ein Kreuzweg in der Nachfolge Jesu Christi. »Lebensweg« – »Pilgerweg« – »Kreuzweg« – diese Begriffe gehören eng zusammen. Deshalb ist es sinnvoll, wenn der Lourdespilger den »Kreuzweg« geht und dabei die Worte Jesu betrachtet: »Wer mein Jünger sein will, der verleugne sich selbst, nehme sein Kreuz auf sich und folge mir nach.« (Mt 16,24)

Zum Gebet des Kreuzweges trifft man sich neben der »Oberen Basilika«, jenseits der Straße.

Auf dem Gelände dieses Berges, den man zur Zeit Bernadettes »Piedebat« oder »Espélugues« nannte, wurden im Jahre 1912 insgesamt 115 überlebensgroße Figuren aus Gußeisen aufgestellt, die aus der Werkstatt des Pariser Künstlers Raffl stammen. Vor einigen Jahren wurde eine 15. Station angefügt – »Jesus, von den Toten auferstanden«: Der runde Stein, der das Grab Jesu verschloß, ist zur Seite gerollt; er trägt die Strahlen der aufgehenden Sonne – Symbol des neuen Lebens in der Auferstehung! –

Für Kranke, Gehbehinderte und Rollstuhlfahrer gibt es einen zweiten, ebenerdigen Kreuzweg am Ufer des Gave: Von der Grotte aus geht man an den Bädern vorbei – Gave abwärts – über die Brücke: dort beginnen die Stationen.

Kreuzwegstation

Die Kirche St. Bernadette

1988 wurde die architektonisch kühn angelegte Kirche St. Bernadette eingeweiht – am rechten Gaveufer gelegen, schräg gegenüber der Grotte. Der Wallfahrer erlebt hier beeindruckende und auch viel diskutierte Formen zeitgenössischer französischer Baukunst, er begegnet modernster Bautechnik. Die gesamte Anlage umfaßt neben der Kirche mit ihren beiden Seitenflügeln, in der sich mehr als 5 000 Beter versammeln können, auch ein halbkreisförmiges, einem Amphitheater nachempfundenes Gebäude mit verschiedenen Tagungsräumen und Vortragssälen. Trotz seiner ungewöhnlichen Ausmaße und vieler offenliegender Bau- und Klimatechnik bewahrt das »Centre de Culte« einen sakralen Charakter; besonders die Sakramentskapelle lädt den Pilger zum Verweilen ein.

Anbetungskapelle: „Zelt Gottes unter den Menschen“

Im Innern der Anbetungskapelle

Die Anbetungskapelle

Angebaut an die Kirche St. Bernadette lädt die Anbetungskapelle zum Gebet vor ausgesetztem Allerheiligsten ein. Das letzte Ziel der Pilger ist ja nicht die heilige Jungfrau, die sich in der Grotte dem Mädchen Bernadette zeigte, sondern Jesus Christus selbst. Maria will nichts anderes, als dem suchenden Menschen den Weg zu ihrem Sohne ebnen. Da Gott sein Volk Israel in einem Zelt durch die Wüste begleitete, hat die Anbetungskapelle Ähnlichkeit mit dem »Zelt Gottes unter den Menschen« (vgl. Ex 40, 16-21). Während der Wüstenwanderung des Volkes Israel zeigte sich Gott seinem Volk in den dunklen Nächten als leuchtende Feuersäule (vgl. Ex 13,21). Für uns heute ist der gekreuzigte und auferstandene Christus jenes Licht, das uns auf der »Wüstenwanderung« hinein in das 21. Jahrhundert begleitet. Die Gegenwart Jesu ist symbolisch dargestellt durch eine vergoldete Säule, die als Tabernakel dient.

Die Krankenherbergen

Mehr als 80.000 kranke Menschen pilgern jährlich zu Unserer Lieben Frau von Lourdes. Schon 1877 wurde entlang der Nordseite der Esplanade, am Ufer des Gave, mit dem Bau eines Krankenhauses begonnen. Diese Krankenherberge bekam den Namen „Accueil Notre-Dame" und diente noch bis Herbst 1977 als Krankenhaus. Heute trägt das historische Gebäude den Namen Papst Johannes Paul II., „Accueil Jean Paul II." Am 20. September 1977 wurde dann ein neuer „Accueil Notre-Dame" eingeweiht. Dieses architektonisch sehr interessante Haus am anderen Ufer des Gave bietet alle modernen pflegerischen und medizinischen Möglichkeiten; über 900 Betten stehen zur Verfügung.

Außerhalb des „heiligen Bezirks", nahe der Gave-Brücke Pont Vieux, liegt das zweite große Pilgerkrankenhaus, „Accueil Saint-Frai". Es ist im Stil der Jahrhundertwende errichtet und wurde in den Jahren 1996 bis 1998 gründlich restauriert und modernisiert, so daß heute auch dort 400 Betten zur Verfügung stehen. Von beiden Herbergen aus kann man bequem – auch mit Rollstühlen – die Gebetsstätten erreichen. Eigens für die Kranken ist die halb unterirdische Kapelle St. Joseph eingerichtet, die besonders für Rollstuhlfahrer geeignet ist.

Krankenhaus Notre-Dame

Die Burg von Lourdes

In der Stadt

Die Burg von Lourdes

Die Stadt wird überragt von einer der größten und bedeutendsten Burgen der Pyrenäen. Die Sage erzählt: Die Araber waren ins Frankenreich eingefallen und wurden 732 von Karl Martell geschlagen. Sie zogen sich bis in die Pyrenäen zurück und hielten die Burg von Lourdes besetzt. Als Karl der Große nach Spanien zog, belagerte er vergeb-

Denkmal des Abbé Peyramale vor der Pfarrkirche Herz Jesu

An diesem
Taufstein
wurde 1844
Bernadette getauft

Der Cachot, das ehemalige Gefängnis

lich die Burg, die vom Sarazenenfürst Mirat beherrscht wurde. Da wagte sich der Bischof von Le Puy als Unterhändler zu Mirat und überredete ihn, er solle sich nicht einem einfachen Sterblichen ergeben, sondern der Himmelskönigin selbst, Unserer Lieben Frau von Le Puy. Le Puy war damals ein großer Marienwallfahrtsort. Mirat ging darauf ein: Er pilgerte nach Le Puy, wurde getauft und erhielt bei der Taufe den Namen Lorus – daher der spätere Name »Lourdes«. – Heute ist in den Räumen der Burg ein sehr sehenswertes Pyrenäenmuseum untergebracht. Ein Aufzug erleichtert den Besuch der Burg, von deren Terrasse man einen herrlichen Ausblick auf die Stadt genießen kann.

Die Pfarrkirche Herz-Jesu

Die Pfarrkirche St. Peter, in der im Januar 1844 Bernadette getauft worden war, stand etwa dort, wo heute das Kriegerdenkmal errichtet ist. Sie wurde 1903 abgerissen. Im gleichen Jahr wurde die neue Herz-Jesu-Kirche geweiht. Im linken Seitenschiff dieses neuromanischen Baues, nahe dem Hauptportal, finden wir den Taufstein aus der alten Kirche. In der Krypta unter dem Hauptaltar ist Abbé Peyramale begraben († 1877). Er war Pfarrer von Lourdes zur Zeit der Erscheinungen; zunächst war er sehr zurückhaltend und skeptisch, später aber setzte er sich mit seiner ganzen Persönlichkeit für Bernadette ein. Ihm zu Ehren wurde auf dem Platz vor der Kirche ein Denkmal errichtet.

Der Cachot, das ehemalige Gefängnis

Hier lebte Bernadette mit ihrer Familie in größter Not seit 1856. Dieses armselige Haus in der Rue des Petits-Fossés hatte lange Zeit als Stadtgefängnis gedient und wurde deshalb zur Zeit Bernadettes immer noch »das Loch« genannt. Im einzigen bewohnbaren Raum, in dem

Das Innere des Cachot – zeitweise Wohnung der Familie Soubirous

sich die damals sechsköpfige Familie Soubirous zusammendrängen mußte, gab es nur einige Stühle, einen kleinen Tisch, drei Betten, ein paar Koffer und Kisten und etwas Küchengerät. – Jeanne Ribettes, eine Freundin Bernadettes, kaufte später den Cachot; ihre Familie machte ihn 1921 den Schwestern von Nevers zum Geschenk. So gelang es, das alte Haus in einer seit damals völlig veränderten Umgebung einigermaßen ursprünglich zu erhalten. Nach der

Die Mühle Boly

Seligsprechung Bernadettes wurde der Cachot in eine schlichte Kapelle umgestaltet, ohne den früheren ärmlichen Zustand wesentlich zu verändern.

Die Mühlen Boly und Lacadé

Nur bis 1854 war François Soubirous Pächter der Mühle Boly, dem Geburtshaus der Bernadette. Leider hatten die Müllersleute zu wenig Geschäftssinn, um diese Mühle länger bewirtschaften zu können. Im Erdgeschoß der Mühle Boly sind noch die Küche und die sehr interessante Mühleneinrichtung erhalten; im oberen Stockwerk kann man das Zimmer besuchen, in dem Bernadette am 7. Januar 1844 geboren wurde.

1863 konnte die Familie Soubirous durch die Vermittlung von Abbé Peyramale die Mühle Lacadé pachten, die später ganz in ihren Besitz überging. Diese Mühle trägt heute den Namen »Elternhaus der Bernadette« (Maison Paternelle), obwohl Bernadette dort nicht mehr wohnte – sie war damals schon ins Spital der Schwestern von Nevers übersiedelt. Im Hause Lacadé starben 1866 Bernadettes Mutter Louise, 1871 ihr Vater François und 1919 ihr letzter Bruder Jean-Marie. – Auch hier ist die alte Mühleneinrichtung zu besichtigen. Außerdem sind Bilder, Briefe und andere Einrichtungsstücke ausgestellt.

Die beiden Mühlen liegen in der schmalen Rue Bernadette, leicht erreichbar über den Boulevard de la Grotte. Der Bach, der früher die Mühlen betrieb, ist längst trokkengelegt.

Die Einkaufsstraßen

Außerhalb des »heiligen Bezirkes« herrscht in Lourdes ein geschäftiges und sehr »geschäftliches« Treiben, das oft – besonders bei den Pilgern aus Deutschland – Anstoß erregt. Fast alle Einwohner von Lourdes (etwa 18 500) leben vom »Pilgerbetrieb« und vom Tourismus – die Stadt beherbergt jährlich mehr als 5 Millionen Besucher. Es gibt in Lourdes ungefähr 400 Hotels und eine Unzahl von Läden, die sogenannte »Devotionalien« bereithalten – Andachtsgegenstände von meist sehr fragwürdiger künstle-

Die Mühle Lacadé

rischer Qualität. Für viele werden deshalb die Einkaufsstraßen zum schockierenden »Bazar« der Geschmacklosigkeiten – sie möchten die »Händler aus dem Tempel hinaustreiben« und die »Tische der Geldwechsler umstoßen«, so wie es Jesus im Tempel getan hat. (Vgl. Joh 2,15)

Die Kritiker sollten sich fragen: Wo sollten die Pilger übernachten, wenn nicht in den Hotels? Wo sollten die 4500 Gast- und Saisonarbeiter ihr Brot verdienen, wenn nicht im Zentrum des Fremdenverkehrs? Wovon sollten die Einheimischen leben, wenn nicht vom Verkauf der Devotionalien? Und der »heilige Bezirk« – ist er nicht tatsächlich frei von Läden und Hotels?

Die Geschäftsleute von Lourdes verbreiteten vor einiger

Devotionaliengeschäfte und Hotels in Lourdes

Zeit folgendes Flugblatt: »Pilger! Touristen! Sie sind glücklich, in Lourdes zu sein. Wir sind glücklich, Ihrer Pilger- oder Ferienfreude zu dienen. Die durch Bernadette erhaltene Botschaft läßt uns und sie nicht gleichgültig . . . Gewiß, wir leben von der Arbeit, die Sie uns verschaffen. Doch unser Ziel ist es nicht, uns auf Ihre Kosten zu bereichern. Wir sind nicht ›die Kaufleute des Tempels‹. Wir verdienen unseren Lebensunterhalt und sind glücklich darüber, am Gelingen Ihres Aufenthaltes in Lourdes mitarbeiten zu dürfen. Unsere Verantwortung – unsere Arbeit ist hart und drückend. Wenn Sie das nicht vergessen, helfen Sie uns sehr; dann werden auch unsere Kontakte und Gespräche offener, wahrer und christlicher. – Die Einwohner von Lourdes.«

Lourdes – ein Ort vieler Gebete

Unsere Antwort auf das Wort Gottes, in dem er uns das innerste Geheimnis seiner Liebe offenbart, ist nicht in erster Linie das Denken, sondern das Danken – das Gebet. An Gott glauben bedeutet ja nicht nur die Überzeugung, daß Gott existiert, sondern vielmehr die persönliche Hinwendung zu Gott, dem letzten Grund und Ziel, dem Halt und Inhalt unseres Lebens. *Das Gebet ist der wichtigste und wesentlichste Ausdruck des Glaubens an Gott*; es ist antwortender Glaube, sozusagen der Ernstfall des Glaubens.

Die Heilige Schrift, vor allem Jesus selbst, mahnt uns deshalb immer wieder eindringlich zum beharrlichen Gebet (vgl. Mk 11,24; Mt 7,7-11; 21, 22; Lk 11, 9–13)...

Das Gebet ist freilich für viele Christen auch die eigentliche Not ihres Glaubens. Nicht ob man beten soll, ist ihnen problematisch, sondern wie man beten soll und beten kann. Daneben gibt es aber auch *grundsätzliche Einwände* gegen das Beten. Manche fürchten, das Gebet könne eine Flucht sein vor der Verantwortung und dem Einsatz in der Welt, eine Vertröstung, welche die Kraft und die Phantasie des Menschen lähmt. Andere halten das Gebet für eine kindliche Verhaltensweise. Weil der Mensch, so sagen sie, nicht stark und erwachsen genug ist, um die harte Wirklichkeit nüchtern zu ertragen, betrügt er sich selbst, projiziert und konstruiert er ein Gegenüber, bei dem er sich geborgen wähnt. Wieder andere argwöhnen, im Gebet werde Gott in sublimer Weise für die Zwecke, Interessen und Bedürfnisse des Menschen mißbraucht und verfügbar gemacht. Niemand kann bestreiten, daß es solche Zerrformen des Gebetes gibt. Aber treffen sie das wahre Beten, wie es uns in den Psalmen, von Jesus, von den großen Heiligen bezeugt ist? Was heißt das also, beten?

Einer der größten Theologen der Christenheit, der hl. Thomas von Aquin, gibt die wohl zutreffendste Antwort. Er definiert das Gebet als *Ausdruck der Sehnsucht des Menschen vor Gott.* Damit ist das Gebet mehr als Einkehr und Besinnung, mehr als Hygiene und Kultur der Seele oder ein bloßes psychologisches »Auftanken«. Im Gebet betrachtet der Mensch sich und seine Situation vor Gott, auf ihn hin und von ihm her. Dabei erfährt er, daß er ein der Hilfe bedürftiges Geschöpf ist, ohnmächtig, sich die Erfüllung seines Daseins und seiner Hoffnung selbst zu geben ...

Das Gebet ist keine schwächliche Flucht vor der Realität; es ist *das einzig realitätsgerechte Verhalten des Menschen.* Das Gebet bedeutet ein Standhalten in der Hoffnung ohne alle Illusionen. Deshalb ist es auch eine Hilfe, um mit uns, mit den andern und mit der Welt ins reine zu kommen. Es klärt und läutert die Grundhaltung des Menschen, entlarvt bloßen Schein, mit dem wir uns und den andern etwas vormachen. Es gibt uns die Kraft, von unseren Lebenslügen zu lassen und die Wahrheit über uns und unser Leben anzuerkennen. Dabei ist wahres Beten nie folgenlos. Es bewährt sich in der Umkehr und in der Hinkehr zu Gott wie zu den andern. Es gibt uns die Gewißheit, daß das Tun der Liebe niemals sinnlos sein kann. So gibt das Beten auch Mut und Kraft zum Einsatz in der Welt. Es ist zugleich Ausdruck der Demut wie der Großmut. Es lehrt uns Gelassenheit ohne alle Resignation und hilft uns, uns selbst, die andern und die Welt anzunehmen, weil wir von Gott unbedingt und absolut angenommen sind. So schenkt das Gebet innere Ruhe und Freude, Trost, ohne jemals bloße Vertröstung zu sein. Wo aber aller Trost als Vertröstung verleumdet wird, da wird das Dasein selbst trostlos.

Aus: Katholischer Erwachsenen-Katechismus: Das Glaubensbekenntnis der Kirche, hrsg. von der Deutschen Bischofskonferenz, Bonn 1985.

Kranke und ihre Helfer am Bahnsteig

Gebete der Pilger

Auf der Reise

Reisegebet und Pilgersegen

Die Kirche ist das pilgernde Gottesvolk.
Jede Wallfahrt ist Zeichen für ein christliches Leben in der Gemeinschaft der Kirche. Im Pilgersegen erbitten wir von Gott Schutz und Geleit.

V Im Namen des Vaters und des Sohnes und des Heiligen Geistes.
A Amen.
V Die Gnade des Herrn Jesus Christus, der uns den Weg zum Vater gezeigt hat, sei mit uns (euch).

A (Und mit deinem Geiste).

V Herr und Gott, du bist das Ziel und die Erfüllung aller unserer Wege. Deshalb bitten wir dich am Beginn unserer Wallfahrt nach Lourdes um deinen Segen. Du hast deinen Diener Abraham auf allen Wegen unversehrt behütet. Du hast die Söhne Israels trockenen Fußes mitten durch das Meer geführt. Durch den Stern hast du den Weisen aus dem Morgenland den Weg zu Christus gezeigt. Geleite auch uns auf unserer Wallfahrt. Laß uns deine Gegenwart erfahren, mehre unseren Glauben, stärke unsere Hoffnung und erneuere unsere Liebe. Schütze uns vor allen Gefahren und bewahre uns vor jedem Unfall. Führe uns glücklich ans Ziel und laß uns wieder unversehrt nach Hause zurückkehren. Gewähre uns schließlich, daß wir sicher das Ziel unserer irdischen Pilgerschaft erreichen und einst das ewige Ziel erlangen. Darum bitten wir durch Christus, unseren Herrn.

A Amen.

Wir singen:

2. In Gottes Namen fahren wir, zu Gott dem Vater rufen wir. Behüt uns, Herr, vorm ewgen Tod und sei uns Hilf in aller Not. Kyrieleison.

3. In Gottes Namen fahren wir, zu Jesus Christus flehen wir, daß er durch all die Marter sein uns mache von der Sünde rein. Kyrieleison.
4. In Gottes Namen fahren wir, zu dir, Maria, kommen wir. Bitt du für uns am Himmelsthron, erlang uns Gnad bei deinem Sohn. Kyrieleison. (GL 303)

Lobgesang des Zacharias

V Gepriesen sei der Herr, der Gott Israels! Denn er hat sein Volk besucht und ihm Erlösung geschaffen.

A Er hat uns einen starken Retter erweckt im Hause seines Knechtes David.

V So hat er verheißen von alters her durch den Mund seiner heiligen Propheten.

A Er hat uns errettet vor unsern Feinden und aus der Hand aller, die uns hassen.

V Er hat das Erbarmen mit den Vätern an uns vollendet und an seinen heiligen Bund gedacht, an den Eid, den er unserm Vater Abraham geschworen hat.

A Er hat uns geschenkt, daß wir, aus Feindeshand befreit, ihm furchtlos dienen in Heiligkeit und Gerechtigkeit vor seinem Angesicht all unsere Tage.

V Und du, Kind, wirst Prophet des Höchsten heißen; denn du wirst dem Herrn vorangehn und ihm den Weg bereiten.

A Du wirst sein Volk mit der Erfahrung des Heils beschenken in der Vergebung der Sünden.

V Durch die barmherzige Liebe unseres Gottes wird uns besuchen das aufstrahlende Licht aus der Höhe,

A um allen zu leuchten, die in Finsternis sitzen und im Schatten des Todes, und unsere Schritte zu lenken auf den Weg des Friedens.

V Ehre sei dem Vater und dem Sohn und dem Heiligen Geist,

A wie im Anfang, so auch jetzt und alle Zeit und in Ewigkeit. Amen. (GL 681)

Bitten und Fürbitten

V Wir beten zu Gott, der uns auf allen Wegen des Lebens nahe ist. Himmlischer Vater, geleite uns auf unserer Pilgerfahrt nach Lourdes, damit wir das Ziel glücklich erreichen und gesund heimkehren.
A Wir bitten dich, erhöre uns.
V Laß uns auf dieser Wallfahrt dir näherkommen.
A Wir bitten dich, erhöre uns.
V Gib, daß wir unterwegs Menschen begegnen, die brüderlich mit uns verbunden sind.
A Wir bitten dich, erhöre uns.
V Steh allen bei, die in diesen Tagen unterwegs sind.
A Wir bitten dich, erhöre uns.
V Gewähre deinen Schutz denen, die daheim geblieben sind.
A Wir bitten dich, erhöre uns.
V Lasset uns beten, wie der Herr uns zu beten gelehrt hat:
A Vater unser . . .

Segen des heiligen Franziskus

Der Herr segne euch (uns) und behüte euch (uns). Der Herr lasse sein Angesicht über euch (uns) leuchten und sei euch (uns) gnädig. Er wende euch (uns) sein Antlitz zu und schenke euch (uns) seinen Frieden. Amen.

Pilgerpsalmen

Psalm 24
Leitvers: Hebt euch, ihr Tore; unser König kommt.

1. Dem Herrn gehört die Erde und was sie erfüllt, *
der Erdkreis und seine Bewohner.
2. Denn er hat ihn auf Meere gegründet, *
ihn über Strömen befestigt. –
3. Wer darf hinaufziehn zum Berg des Herrn, *
wer darf stehn auf seiner heiligen Stätte?

Das Ziel der Pilgerinnen und Pilger ist die »Grotte«

4. Der reine Hände hat und ein lauteres Herz. *
der nicht betrügt und keinen Meineid schwört.
5. Er wird Segen empfangen vom Herrn *
und Heil von Gott, seinem Helfer.
6. Das sind die Menschen, die nach ihm fragen, *
die dein Antlitz suchen, Gott Jakobs. –
7. Ihr Tore, hebt euch nach oben, /
hebt euch, ihr uralten Pforten; *
denn es kommt der König der Herrlichkeit.
8. Wer ist der König der Herrlichkeit? /
Der Herr, stark und gewaltig, *
der Herr, mächtig im Kampf.
9. Ihr Tore, hebt euch nach oben, /
hebt euch, ihr uralten Pforten; *
denn es kommt der König der Herrlichkeit.

10. Wer ist der König der Herrlichkeit? /
Der Herr der Heerscharen, *
er ist der König der Herrlichkeit. –
11. Ehre sei dem Vater und dem Sohn *
und dem Heiligen Geist,
12. wie im Anfang, so auch jetzt und alle Zeit *
und in Ewigkeit. Amen.
(GL 122)

Psalm 84
Leitvers: Selig, die bei dir wohnen, Herr,
die dich loben allezeit.

1. Wie liebenswert ist deine Wohnung, Herr der Heerscharen! / Meine Seele verzehrt sich in Sehnsucht *
nach dem Tempel des Herrn.
2. Mein Herz und mein Leib jauchzen ihm zu, *
ihm, dem lebendigen Gott.
3. Auch der Sperling findet ein Haus /
und die Schwalbe ein Nest für ihre Jungen – *
deine Altäre, Herr der Heerscharen, mein Gott und mein König.
4. Wohl denen, die wohnen in deinem Haus, *
die dich allezeit loben! –
5. Wohl den Menschen, die Kraft finden in dir, *
wenn sie sich zur Wallfahrt rüsten.
6. Ziehen sie durch das trostlose Tal, /
wird es für sie zum Quellgrund, *
und Frühregen hüllt es in Segen.
7. Sie schreiten dahin mit wachsender Kraft; *
dann schauen sie Gott auf dem Zion. –
8. Herr der Heerscharen, höre mein Beten, *
vernimm es, Gott Jakobs!
9. Gott, sieh her auf unsern Schild, *
schau auf das Antlitz deines Gesalbten! –

10. Denn ein einziger Tag in den Vorhöfen deines Heiligtums * ist besser als tausend andere.
11. Lieber an der Schwelle stehen im Haus meines Gottes *
als wohnen in den Zelten der Frevler.
12. Denn Gott der Herr ist Sonne und Schild. *
Er schenkt Gnade und Herrlichkeit;
13. der Herr versagt denen, die rechtschaffen sind, keine Gabe. *
Herr der Heerscharen, wohl dem, der dir vertraut! –
14. Ehre sei dem Vater und dem Sohn *
und dem Heiligen Geist,
15. wie im Anfang, so auch jetzt und alle Zeit *
und in Ewigkeit. Amen.
(GL 649)

Psalm 121
Leitvers: Vertraut auf den Herrn;
er ist Helfer und Schild.

1. Ich hebe meine Augen auf zu den Bergen: *
Woher kommt mir Hilfe?
2. Meine Hilfe kommt vom Herrn, *
der Himmel und Erde gemacht hat. –
3. Er läßt deinen Fuß nicht wanken; *
er, der dich behütet, schläft nicht.
4. Nein, der Hüter Israels *
schläft und schlummert nicht.
5. Der Herr ist dein Hüter, der Herr gibt dir Schatten, *
er steht dir zur Seite.
6. Bei Tag wird dir die Sonne nicht schaden *
noch der Mond in der Nacht. –
7. Der Herr behüte dich vor allem Bösen, *
er behüte dein Leben.
8. Der Herr behüte dich, wenn du fortgehst und wiederkommst, *
von nun an bis in Ewigkeit. –

9. Ehre sei dem Vater und dem Sohn *
und dem Heiligen Geist,
10. wie im Anfang, so auch jetzt und alle Zeit *
und in Ewigkeit. Amen.
(GL 752)

Psalm 122
Leitvers: Der Herr ist unser Friede;
bei ihm sind wir geborgen.

1. Ich freute mich, als man mir sagte: *
»Zum Haus des Herrn wollen wir pilgern.«
2. Schon stehen wir in deinen Toren, Jerusalem: /
Jerusalem, du starke Stadt, *
dicht gebaut und fest gefügt.
3. Dorthin ziehen die Stämme hinauf, die Stämme des Herrn, *
den Namen des Herrn zu preisen. –
4. Erbittet für Jerusalem Frieden! *
Wer dich liebt, sei in dir geborgen!
5. Friede wohne in deinen Mauern, *
in deinen Häusern Geborgenheit!
6. Wegen meiner Brüder und Freunde *
will ich sagen: In dir sei Friede!
7. Wegen des Hauses des Herrn, unseres Gottes, *
will ich dir Glück erflehen. –
8. Ehre sei dem Vater und dem Sohn *
und dem Heiligen Geist,
9. wie im Anfang, so auch jetzt und alle Zeit *
und in Ewigkeit. Amen.
(GL 692)

Morgengebete

V O Gott, komm mir zu Hilfe.
A Herr, eile, mir zu helfen.
V Ehre sei dem Vater . . .
A Wie im Anfang . . .
V Dem König der Ewigkeit, dem unvergänglichen, unsichtbaren, einzigen Gott, sei Ehre und Herrlichkeit in alle Ewigkeit. Amen. (1 Tim 1,17)
A Dank sei Gott.
V Christus, du bist der helle Tag,
dein Glanz durchbricht die dunkle Nacht.
Du Gott des Lichtes kündest uns
das Licht, das wahrhaft selig macht.
A Gib, daß nichts Arges uns bedrängt,
der böse Feind uns nicht verführt,
und laß nicht zu, daß Geist und Leib
vor deinem Auge schuldig wird.
V Sei deiner Diener eingedenk,
die du mit deinem Blut erkauft.
Stärk uns durch deines Leibes Kraft;
wir sind auf deinen Tod getauft.
A Aus ganzem Herzen preisen wir
dich, Christus, Herr der Herrlichkeit,
der mit dem Vater und dem Geist
uns liebt in alle Ewigkeit. Amen.
V Herr, erhöre mein Gebet.
A Und laß mein Rufen zu dir kommen.
V Lasset uns beten. Allmächtiger Herr und Gott, du hast uns den Anfang dieses Tages erleben lassen; bewahre uns heute mit deiner Kraft, daß wir in keine Sünde fallen, sondern in Worten, Gedanken und Werken stets deinen Willen erfüllen. Durch Christus, unseren Herrn.
A Amen.
V Die heilige Jungfrau Maria, die heilige Bernadette und alle Heiligen mögen beim Herrn Fürbitte für uns einle-

gen, damit wir gnädig von ihm Hilfe und Heil erlangen, der lebt und herrscht von Ewigkeit zu Ewigkeit.

A Amen.

V Der Herr segne uns und bewahre uns vor allem Bösen und führe uns zum ewigen Leben; und die Seelen der verstorbenen Gläubigen mögen durch die Barmherzigkeit Gottes in Frieden ruhen.

A Amen.

Ich danke dir, himmlischer Vater, daß du mich und die Meinen in dieser Nacht vor jedem Schaden bewahrt hast. – Ich bitte dich, behüte und beschütze mich auch an diesem neuen Tag; bewahre mich vor Verwirrung und Sünde! Mein Tagwerk sei in deine Hände gelegt, mein Tun möge dir gefallen! Mein Leib und meine Seele – alles, was ich bin und was ich habe, sei dir anvertraut, gütiger Vater! Dein heiliger Engel möge mich begleiten.
Amen.

Gott,
du hast uns Menschen die Erde anvertraut,
sie zu hüten und zu bebauen.
Du läßt deine Sonne über uns aufgehen,
damit sie uns leuchte.
Laß unser Tageswerk gelingen zu deiner Ehre
und zum Wohl unseres Nächsten,
darum bitten wir
durch Christus, unseren Herrn.

Herr, ich möchte mich wandeln.
Aber ich kann mich an einem Tag
nicht ganz und gar wandeln.
Hilf mir, daß ich heute wenigstens
einen kleinen Schritt auf dich zu mache.

Herr, ich möchte gut sein.
Aber wir können nicht über Nacht

ganz gut zueinander werden.
Hilf mir, daß ich heute etwas Gutes tue.

Herr, ich möchte froh sein.
Aber ich kann nicht mit bloßem guten Willen
allen Streit und Ärger vertreiben.
Schenke mir heute ein wenig von deiner Freude.

Herr, ich möchte dich lieben.
Aber das kann ich nicht
von heute auf morgen erreichen.
Hilf mir, daß mein Herz
sich dir ein wenig mehr öffnet.
Herr, segne diesen Tag.

Abendgebete

V O Gott, komm mir zu Hilfe.
A Herr, eile, mir zu helfen.
V Ehre sei dem Vater . . .
A Wie im Anfang . . .
V Brüder, seid nüchtern und wachsam! Euer Widersacher, der Teufel, geht wie ein brüllender Löwe umher und sucht, wen er verschlingen kann. Leistet ihm Widerstand in der Kraft des Glaubens. (1 Petr 5, 8–9 a) – Du aber, Herr, erbarme dich unser.
A Dank sei Gott.
V Wir denken über den vergangenen Tag nach und prüfen unser Gewissen . . . (Stille)
V Der allmächtige Gott erbarme sich unser. Er lasse uns die Sünden nach und führe uns zum ewigen Leben.
A Amen.
V Bevor des Tages Licht vergeht,
o Herr der Welt, hör dies Gebet:
Behüte uns in dieser Nacht
durch deine große Güt' und Macht.

A Hüllt Schlaf die müden Glieder ein,
laß uns in dir geborgen sein
und mach am Morgen uns bereit
zum Lobe deiner Herrlichkeit.
Dank dir, o Vater, reich an Macht,
der über uns voll Güte wacht
und mit dem Sohn und Heil'gen Geist
des Lebens Fülle uns verheißt. Amen.

V Herr, auf dich vertraue ich, in deine Hände lege ich mein Leben.

A Herr, auf dich vertraue ich, in deine Hände lege ich mein Leben.

V Laß leuchten über deinem Knecht dein Antlitz, hilf mir in deiner Güte.

A Herr, auf dich vertraue ich, in deine Hände lege ich mein Leben.

V Sei unser Heil, o Herr, wenn wir wachen, und unser Schutz, wenn wir schlafen.

A Damit wir wachen mit Christus und ruhen in seinem Frieden.

V Herr und Gott, kehre ein in dieses Haus und halte alle Nachstellungen des Feindes von ihm fern. Deine heiligen Engel mögen darin wohnen und uns im Frieden bewahren. Und dein Segen sei über uns allezeit. Darum bitten wir durch Christus, unseren Herrn.

A Amen.

V Es segne uns der allmächtige Gott, der Vater, der Sohn und der Heilige Geist.

A Amen.

Vater, wieder liegt ein Tag hinter mir.
Laß mich ruhig werden, damit ich dich hören kann.
Nichts, was heute geschah, ist selbstverständlich.
Laß mir bewußt werden, wo du mich beschenkt hast.
Ich danke dir, Vater!
Laß mich erkennen, wo ich dir ausgewichen bin, zu be-

quem, mich mit deiner Forderung auseinanderzusetzen, wo ich einen anderen enttäuscht oder verärgert habe.
Vergib mir, Vater!
Laß mich erkennen, was ich tun soll.
Gib mir Mut und Kraft, deinen Weg zu gehen.
Ich bitte dich für alle, die mir heute begegnet sind.
Laß uns zusammen dein Reich suchen.
Bleibe bei mir, Vater!

Wir bitten dich, sei bei uns in dieser Nacht.
Sei bei allen, die in dieser Nacht nicht schlafen können:
Bei allen, die Sorgen haben,
die Schmerzen erleiden,
die für andere wachen,
die anderen dienen;
sei bei allen, die in dieser Nacht sterben werden.
Herr, sei bei uns in dieser Nacht.

Bleibe bei uns, Herr,
denn es will Abend werden,
und der Tag hat sich geneigt.

Bleibe bei uns
und bei deiner Kirche.

Bleibe bei uns
am Abend des Tages,
am Abend unseres Lebens,
am Abend der Welt.

Bleibe bei uns
mit deiner Gnade und Güte,
mit deinem Wort und Sakrament,
mit deinem Trost und Segen.

Bleibe bei uns,
wenn über uns kommt
die Nacht der Trübsal und Angst,
die Nacht des Zweifels und der Anfechtung,

die Nacht der Armut und Not,
die Nacht der Einsamkeit und Verlassenheit,
die Nacht der Krankheit und Schmerzen,
die Nacht des bitteren Todes.

Bleibe bei uns
und unseren Lieben
bei unsern Brüdern und Schwestern,
den kleinen und den großen,
den nahen und den fernen,
den gesunden und den kranken,
den frohen und den trauernden,
bei allen, die zerschlagenen Herzens sind.

Bleibe bei uns
und bei allen Glaubenden
in Zeit und Ewigkeit. Amen.

Die tägliche Eucharistiefeier

(Meßtexte vom Gedenktag Unserer Lieben Frau in Lourdes)

Den Höhepunkt eines Pilgertages in Lourdes bildet die Feier der heiligen Eucharistie.

Die Pilger »sollen die heilige Handlung bewußt, fromm und tätig mitfeiern, sich durch das Wort Gottes formen lassen, am Tisch des Herrenleibes Stärkung finden und Gott danksagen. Sie sollen die unbefleckte Opfergabe darbringen nicht nur durch die Hände des Priesters, sondern gemeinsam mit ihm, und dadurch sich selbst darbringen lernen.«
(Konstitution »Über die heilige Liturgie«, 48)

Schuldbekenntnis

Ich bekenne Gott, dem Allmächtigen, und allen Brüdern und Schwestern, daß ich Gutes unterlassen und Böses getan habe – ich habe gesündigt in Gedanken, Worten und Werken – durch meine Schuld, durch meine Schuld, durch meine große Schuld. Darum bitte ich die selige Jungfrau Maria, alle Engel und Heiligen, und euch, Brüder und Schwestern, für mich zu beten bei Gott, unserm Herrn.

Gloria

Ehre sei Gott in der Höhe.
Und Friede auf Erden / den Menschen seiner Gnade. / Wir loben dich, / wir preisen dich, / wir beten dich an, / wir rühmen dich und danken dir, / denn groß ist deine Herrlichkeit: / Herr und Gott, König des Himmels, / Gott und Vater, Herrscher über das All, / Herr, eingeborener Sohn, Jesus Christus.
Herr und Gott, Lamm Gottes, Sohn des Vaters, / du nimmst hinweg die Sünde der Welt: / erbarme dich unser; / du nimmst hinweg die Sünde der Welt: / nimm an unser Gebet; / du sitzest zur Rechten des Vaters: / erbarme dich unser. / Denn du allein bist der Heilige, / du allein der Herr, / du allein der Höchste: / Jesus Christus, / mit dem Heiligen Geist, / zur Ehre Gottes des Vaters. Amen.

Tagesgebet

Barmherziger Gott, in unserer Schwachheit suchen wir bei dir Hilfe und Schutz. Höre auf die Fürsprache der jungfräulichen Gottesmutter Maria, die du vor der Erbschuld bewahrt hast, und heile uns von aller Krankheit des Leibes und der Seele. Darum bitten wir durch Jesus Christus, deinen Sohn, unsern Herrn, der mit dir lebt und herrscht in der Einheit des Heiligen Geistes, Gott von Ewigkeit zu Ewigkeit. Amen.

1. Lesung – zur Auswahl

Ein Sohn ist uns geschenkt

Lesung aus dem Buch Jesaja.
Das Volk, das im Dunkel lebt,
sieht ein helles Licht;
über denen, die im Land der Finsternis wohnen,
leuchtet ein Licht auf.
Lauten Jubel erregst du; groß ist die Freude.
Man freut sich über deine Nähe,
wie man sich freut bei der Ernte,
wie man jubelt, wenn die Beute verteilt wird.
Denn wie am Tag von Mídian
zerbrichst du das drückende Joch,
das Tragholz auf unserer Schulter
und den Stock des Treibers.
Denn uns wurde ein Kind geboren,
ein Sohn wurde uns geschenkt,
und die Herrschaft liegt auf seiner Schulter.
Und man nennt ihn »wunderbarer Ratgeber,
starker Gott, Vater in Ewigkeit und Friedensfürst«.
Seine Herrschaft ist groß, und der Friede hat kein Ende.
Auf dem Thron Davids herrscht er über sein Reich,
er festigt und stützt es durch Recht und Gerechtigkeit,
jetzt und für alle Zeiten.
Das vollbringt der leidenschaftliche Eifer
des Herrn der Heere.
(Jes 9, 1–3. 5–6)

Maria, der Sitz der Weisheit

Lesung aus dem Buch der Sprichwörter.
So spricht die ewige Weisheit:
Der Herr hat mich geschaffen als Anfang seiner Wege,
vor seinen Werken in der Urzeit;
vor aller Zeit wurde ich gebildet,
am Anbeginn, vor dem Anfang der Erde.

Eucharistiefeier am Freialtar

Als die Urmeere noch nicht waren, wurde ich geboren,
als es die Quellen noch nicht gab, die wasserreichen.
Ehe die Berge eingesenkt wurden,
vor den Hügeln wurde ich geboren.
Noch hatte er die Erde nicht gemacht und die Fluren
und alle Schollen des Festlands.

Als er den Himmel baute, war ich dabei,
als er den Erdkreis abmaß über den Wassern,
als er droben die Wolken befestigte
und Quellen strömen ließ aus dem Urmeer,
als er dem Meer seine Grenze setzte,

damit die Wasser nicht seinen Rand überschritten,
als er die Grundfesten der Erde legte,
da war ich als seine Vertraute bei ihm.
Ich war seine Freude Tag um Tag
und spielte vor ihm allezeit.
Ich spielte auf seinem Erdenrund
und hatte meine Freude an den Menschen.
(Spr 8, 22–31)

Ein großes Zeichen erschien am Himmel

Lesung aus der Offenbarung des Johannes.
Der Tempel Gottes im Himmel wurde geöffnet, und in seinem Tempel wurde die Lade seines Bundes sichtbar.
Da erschien ein großes Zeichen am Himmel: eine Frau, umgeben von der Sonne, den Mond unter ihren Füßen und einen Kranz von zwölf Sternen auf ihrem Haupt.
Ein anderes Zeichen erschien am Himmel: ein Drache, groß und feuerrot, mit sieben Köpfen und zehn Hörnern und mit sieben Diademen auf seinen Köpfen. Sein Schweif fegte ein Drittel der Sterne vom Himmel und warf sie auf die Erde. Der Drache stand vor der Frau, die gebären sollte, um ihr Kind nach der Geburt zu verschlingen.
Und sie gebar ein Kind, einen Sohn, der über alle Völker herrschen soll mit eisernem Zepter. Und ihr Kind wurde zu Gott und zu seinem Thron entrückt. Die Frau aber floh in die Wüste, wo Gott ihr einen Zufluchtsort geschaffen hatte.
Da hörte ich eine laute Stimme im Himmel rufen:
Jetzt ist gekommen die Rettung und die Macht
und die Herrschaft unseres Gottes und die Vollmacht seines Gesalbten.
(Offb 11, 19 a; 12, 1.3–6 a. 10 a b)

1. Zwischengesang

Meine Seele preist die Größe des Herrn,
und mein Geist jubelt über Gott, meinen Retter.

Denn auf die Niedrigkeit seiner Magd hat er geschaut.
Siehe, von nun an preisen mich selig alle Geschlechter!
Denn der Mächtige hat Großes an mir getan,
und sein Name ist heilig.

Er erbarmt sich von Geschlecht zu Geschlecht
über alle, die ihn fürchten.
Er vollbringt mit seinem Arm machtvolle Taten:
er zerstreut, die im Herzen voll Hochmut sind;

er stürzt die Mächtigen vom Thron
und erhöht die Niedrigen.
Die Hungernden beschenkt er mit seinen Gaben
und läßt die Reichen leer ausgehen.

Er nimmt sich seines Knechtes Israel an
und denkt an sein Erbarmen,
das er unsern Vätern verheißen hat,
Abraham und seinen Nachkommen auf ewig.
(Lk 1, 46–47. 48–49. 50–51. 52–53. 54–55)

Kehrvers:
Selig bist du, Jungfrau Maria,
du hast den Sohn des ewigen Vaters getragen.

2. Lesung – zur Auswahl

Bei denen, die Gott lieben, führt er alles zum Guten

Lesung aus dem Brief an die Römer.
Wir wissen, daß Gott bei denen, die ihn lieben, alles zum Guten führt, bei denen, die nach seinem Ratschluß berufen sind; denn alle, die er im voraus erkannt hat, hat er auch dazu vorausbestimmt, an Wesen und Gestalt seines Sohnes teilzuhaben, damit dieser der Erstgeborene von vielen Brüdern sei. Die aber, die er vorausbestimmt hat, hat er auch berufen, und die er berufen hat, hat er auch gerecht gemacht; die er aber gerecht gemacht hat, die hat er auch verherrlicht.
(Röm 8, 28–30)

Gott sandte seinen Sohn, geboren von einer Frau

Lesung aus dem Brief an die Galater.
Als die Zeit erfüllt war, sandte Gott seinen Sohn, geboren von einer Frau und dem Gesetz unterstellt, damit er die freikaufte, die unter dem Gesetz stehen, und damit wir das Recht der Sohnschaft erlangten.
Weil ihr aber Söhne seid, sandte Gott den Geist seines Sohnes in unsere Herzen, den Geist, der ruft: Abba, Vater. Daher bist du nicht mehr Sklave, sondern Sohn; bist du aber Sohn, dann auch Erbe. Erbe durch Gott.
(Gal 4, 4–7)

In ihm hat Gott uns erwählt vor Erschaffung der Welt

Lesung aus dem Brief an die Epheser.
Gepriesen sei Gott,
der Vater unseres Herrn Jesus Christus:
Er hat uns mit allem Segen seines Geistes gesegnet
durch die Gemeinschaft mit Christus im Himmel.
Denn in ihm hat er uns erwählt
vor Erschaffung der Welt,
damit wir heilig und untadelig vor Gott leben;
er hat uns aus Liebe im voraus dazu bestimmt,
durch Jesus Christus seine Söhne zu werden
und nach seinem gnädigen Willen zu ihm zu gelangen,
zum Lob seiner herrlichen Gnade.
Er hat sie uns geschenkt in seinem geliebten Sohn.
Durch ihn sind wir als Erben
vorherbestimmt und eingesetzt
nach dem Plan dessen, der alles so verwirklicht,
wie er es in seinem Willen beschließt.
Wir sind zum Lob seiner Herrlichkeit bestimmt,
die wir schon früher auf Christus gehofft haben.
(Eph 1, 3–6. 11–12)

2. Zwischengesang

(Halleluja)
Selig bist du, Jungfrau Maria,
und allen Lobes würdig;
denn aus dir ging hervor die Sonne der Gerechtigkeit,
Christus, unser Gott.

Evangelium – zur Auswahl

Du wirst empfangen und einen Sohn gebären

Aus dem heiligen Evangelium nach Lukas.
Der Engel Gabriel wurde von Gott in die Stadt Nazaret in Galiläa zu einer Jungfrau gesandt. Sie war mit einem Mann namens Josef verlobt, der aus dem Haus David stammte, und ihr Name war Maria.
Der Engel trat bei ihr ein und sagte: Sei gegrüßt, du Begnadete, der Herr ist mit dir! Sie erschrak über diese Anrede und überlegte, was dieser Gruß zu bedeuten habe. Da sagte der Engel zu ihr: Fürchte dich nicht, Maria; denn du hast vor Gott Gnade gefunden. Du wirst ein Kind bekommen, einen Sohn wirst du gebären; dem sollst du den Namen Jesus geben. Er wird groß sein und Sohn des Höchsten genannt werden. Gott, der Herr, wird ihm den Thron seines Vaters David geben.
Er wird über das Haus Jakob in Ewigkeit herrschen, und seine Herrschaft wird kein Ende haben.
Maria sagte zu dem Engel: Wie soll das geschehen, da ich mit keinem Mann zusammenlebe? Der Engel antwortete ihr: Heiliger Geist wird über dich kommen, und die Kraft des Höchsten wird dich überschatten. Deshalb wird auch das Kind heilig und Sohn Gottes genannt werden. Auch Elisabet, deine Verwandte, hat noch im Alter einen Sohn empfangen; sie ist jetzt schon im sechsten Monat und galt doch als unfruchtbar. Denn für Gott ist nichts unmöglich. Da sagte Maria: Ich bin die Magd des Herrn; mit mir

geschehe, was du gesagt hast. Danach verließ sie der Engel.
(Lk 1, 26–38)

Dir selbst wird ein Schwert durch die Seele dringen

Aus dem heiligen Evangelium nach Lukas.
Der Heilige Geist führte Símeon in den Tempel. Und als die Eltern Jesus hereinbrachten, um zu erfüllen, was das Gesetz verlangte, nahm Símeon das Kind in seine Arme und pries Gott mit den Worten:
Nun läßt du, Herr, deinen Knecht,
wie du gesagt hast, in Frieden scheiden.
Denn meine Augen haben das Heil gesehen,
das du vor allen Völkern bereitet hast,
ein Licht, das die Heiden erleuchtet,
und Herrlichkeit für dein Volk Israel.

Sein Vater und seine Mutter staunten über die Worte, die über Jesus gesagt wurden.

Und Símeon segnete sie und sagte zu Maria, der Mutter Jesu: Dieser ist dazu bestimmt, daß viele in Israel durch ihn zu Fall kommen und viele durch ihn aufgerichtet werden; er wird ein Zeichen sein, dem widersprochen wird. Dadurch sollen die Gedanken vieler Menschen offenbar werden. Dir selbst wird ein Schwert durch die Seele dringen.
(Lk 2, 27–35)

Das ist dein Sohn. Das ist deine Mutter.

Aus dem heiligen Evangelium nach Johannes.
Bei dem Kreuz Jesu standen seine Mutter und die Schwester seiner Mutter, Maria, die Frau des Klopas, und Maria von Mágdala.
Als Jesus seine Mutter sah und bei ihr den Jünger, den er liebte, sagte er zu seiner Mutter: Frau, dies ist dein Sohn.

Dann sagte er zu dem Jünger: Dies ist deine Mutter. Und von jener Stunde an nahm sie der Jünger zu sich. (Joh 19, 25–27)

Das Apostolische Glaubensbekenntnis

Ich glaube an Gott,
den Vater, den Allmächtigen, / den Schöpfer des Himmels und der Erde, / und an Jesus Christus, / seinen eingeborenen Sohn, unsern Herrn, / empfangen durch den Heiligen Geist, / geboren von der Jungfrau Maria, / gelitten unter Pontius Pilatus, / gekreuzigt, gestorben und begraben, / hinabgestiegen in das Reich des Todes, / am dritten Tage auferstanden von den Toten, / aufgefahren in den Himmel; / er sitzt zur Rechten Gottes, / des allmächtigen Vaters; / von dort wird er kommen, / zu richten die Lebenden und die Toten. / Ich glaube an den Heiligen Geist, / die heilige katholische Kirche, / Gemeinschaft der Heiligen, / Vergebung der Sünden, / Auferstehung der Toten / und das ewige Leben. Amen.

Fürbitten

V Laßt uns beten zu Gott, dem allmächtigen Vater, der Maria, die Mutter seines Sohnes, den Menschen zur Fürsprecherin gegeben hat:
A Höre auf die Fürbitte der seligen Jungfrau.
V Du hast Maria zur Mutter deines Sohnes auserwählt;
– laß die Kirche unter ihrem Schutz geborgen sein.
A Höre auf die Fürbitte der seligen Jungfrau.
V Du hast Maria den Menschen zur Mutter gegeben;
– auf ihre Fürsprache gewähre den Kranken Heilung und den Trauernden Trost.
A Höre auf die Fürbitte der seligen Jungfrau.
V Du hast Maria die Fülle deiner Gnade geschenkt;
– auf ihre Fürsprache schenke den Sündern Vergebung und allen Menschen Frieden und Heil.

A Höre auf die Fürbitte der seligen Jungfrau.

V Du hast Maria die Gnade geschenkt, deinem Ruf zu folgen;
– auf ihre Fürsprache hilf allen, die sich in deinen Dienst gestellt haben.

A Höre auf die Fürbitte der seligen Jungfrau.

V Du hast Maria zur Mutter der Heiligen Familie bestellt;
– auf ihre Fürsprache hilf allen Müttern, ihre Aufgabe zu erfüllen.

A Höre auf die Fürbitte der seligen Jungfrau.

V Du hast Maria unter dem Kreuze Jesu gestärkt und durch seine Auferstehung mit Freude erfüllt;
– komm den Bedrängten zu Hilfe und gib ihnen Hoffnung.

A Höre auf die Fürbitte der seligen Jungfrau.

V Du hast die unbefleckte Jungfrau mit Leib und Seele in den Himmel aufgenommen;
– schenke unseren Verstorbenen die ewige Freude mit Maria und all deinen Heiligen.

A Höre auf die Fürbitte der seligen Jungfrau.

V Aber nicht unser Wille soll geschehen, sondern stets der deine, der du lebst und regierst in alle Ewigkeit.

(andere Fürbitten S. 88–96)

Gabengebet

Herr, unser Gott, dein eingeborener Sohn komme uns zu Hilfe in seiner großen Liebe zu uns. Seine Geburt hat die Jungfräulichkeit der Mutter nicht gemindert, sondern geheiligt. Durch seine Menschwerdung heilige auch uns: Nimm von uns alle Schuld und mache dir unsere Gabe wohlgefällig. Darum bitten wir durch Christus, unseren Herrn. Amen.

oder

Herr, unser Gott, die Gaben, die wir bereitet haben, sind Zeichen unserer Hingabe an dich. Darum bitten wir! Wie

Brot und Wein in der Kraft des Geistes geheiligt werden, so heilige auch uns selbst immer mehr nach dem Bilde unseres Herrn Jesus Christus, der mit dir lebt und herrscht in alle Ewigkeit. Amen.

Eucharistisches Hochgebet (II)

P Der Herr sei mit euch.
A Und mit deinem Geiste.
P Erhebet die Herzen.
A Wir haben sie beim Herrn.
P Lasset uns danken dem Herrn, unserem Gott.
A Das ist würdig und recht.
P In Wahrheit ist es würdig und recht, dir, Vater, für die Erwählung der seligen Jungfrau Maria zu danken und mit ihr das Werk deiner Gnade zu rühmen. Du hast an der ganzen Schöpfung Großes getan und allen Menschen Barmherzigkeit erwiesen. Denn du hast geschaut auf die Niedrigkeit deiner Magd und durch sie der Welt den Heiland geschenkt, deinen Sohn, unseren Herrn Jesus Christus. Durch ihn preisen wir jetzt und in Ewigkeit dein Erbarmen und singen mit den Chören der Engel das Lob deiner Herrlichkeit:
A Heilig, heilig, heilig, Gott, Herr aller Mächte und Gewalten. Erfüllt sind Himmel und Erde von deiner Herrlichkeit. Hosanna in der Höhe! Hochgelobt sei, der da kommt im Namen des Herrn. Hosanna in der Höhe!
P Ja, du bist heilig, großer Gott, du bist der Quell aller Heiligkeit.

Darum bitten wir dich: Sende deinen Geist auf diese Gaben herab und heilige sie, damit sie uns werden Leib + und Blut deines Sohnes, unseres Herrn Jesus Christus.

Denn am Abend, an dem er ausgeliefert wurde und sich aus freiem Willen dem Leiden unterwarf, nahm er das Brot und sagte Dank, brach es, reichte es seinen Jüngern und sprach:

NEHMET UND ESSET ALLE DAVON: DAS IST MEIN LEIB, DER FÜR EUCH HINGEGEBEN WIRD.

Ebenso nahm er nach dem Mahl den Kelch, dankte wiederum, reichte ihn seinen Jüngern und sprach:

NEHMET UND TRINKET ALLE DARAUS: DAS IST DER KELCH DES NEUEN UND EWIGEN BUNDES. MEIN BLUT, DAS FÜR EUCH UND FÜR ALLE VERGOSSEN WIRD ZUR VERGEBUNG DER SÜNDEN. TUT DIES ZU MEINEM GEDÄCHTNIS.

Geheimnis des Glaubens:

A Deinen Tod, o Herr, verkünden wir, und deine Auferstehung preisen wir, bis du kommst in Herrlichkeit.

P Darum, gütiger Vater, feiern wir das Gedächtnis des Todes und der Auferstehung deines Sohnes und bringen dir so das Brot des Lebens und den Kelch des Heiles dar. Wir danken dir, daß du uns berufen hast, vor dir zu stehen und dir zu dienen. Wir bitten dich: Schenke uns Anteil an Christi Leib und Blut, und laß uns eins werden durch den Heiligen Geist. Gedenke deiner Kirche auf der ganzen Erde, und vollende dein Volk in der Liebe, vereint mit unserem Papst N., unserem Bischof N. und allen Bischöfen, unseren Priestern und Diakonen und mit allen, die zum Dienst in der Kirche bestellt sind.

Gedenke (aller) unserer Brüder und Schwestern, die entschlafen sind in der Hoffnung, daß sie auferstehen. Nimm sie und alle, die in deiner Gnade aus dieser Welt geschieden sind, in dein Reich auf, wo sie dich schauen von Angesicht zu Angesicht.

Vater, erbarme dich über uns alle, damit uns das ewige Leben zuteil wird in der Gemeinschaft mit der seligen Jungfrau und Gottesmutter Maria, mit deinen Aposteln

Feierlicher Gottesdienst vor dem Portal der Rosenkranzbasilika

und mit allen, die bei dir Gnade gefunden haben von Anbeginn der Welt, daß wir dich loben und preisen durch deinen Sohn Jesus Christus.
Durch ihn und mit ihm und in ihm ist dir, Gott, allmächtiger Vater, in der Einheit des Heiligen Geistes alle Herrlichkeit und Ehre jetzt und in Ewigkeit.

A *Amen.*

Eucharistisches Hochgebet (III)

P Der Herr sei mit euch.
A Und mit deinem Geiste.
P Erhebet die Herzen.
A Wir haben sie beim Herrn.
P Lasset uns danken dem Herrn, unserm Gott.
A Das ist würdig und recht.

P In Wahrheit ist es würdig und recht, dir, Herr, heiliger Vater, immer und überall zu danken, weil du Großes getan hast an der seligen Jungfrau Maria. Vom Heiligen Geist überschattet, hat sie deinen eingeborenen Sohn empfangen und im Glanz unversehrter Jungfräulichkeit der Welt das ewige Licht geboren, unseren Herrn Jesus Christus. Durch ihn loben die Engel deine Herrlichkeit, beten dich an die Mächte, erbeben die Gewalten. Die Himmel und die himmlischen Kräfte und die seligen Serafim feiern dich jubelnd im Chore. Mit ihrem Lobgesang laß auch unsere Stimmen sich vereinen und voll Ehrfurcht rufen:

A Heilig, heilig, heilig . . .

P Ja, du bist heilig, großer Gott, und alle deine Werke verkünden dein Lob. Denn durch deinen Sohn, unseren Herrn Jesus Christus, und in der Kraft des heiligen Geistes erfüllst du die ganze Schöpfung mit Leben und Gnade. Bis ans Ende der Zeiten versammelst du dir ein Volk, damit deinem Namen das reine Opfer dargebracht werde vom Aufgang der Sonne bis zum Untergang.

Darum bitten wir dich, allmächtiger Gott: Heilige unsere Gaben durch deinen Geist, damit sie uns werden + Leib und Blut deines Sohnes, unseres Herrn Jesus Christus, der uns aufgetragen hat, dieses Geheimnis zu feiern.

Denn in der Nacht, da er verraten wurde, nahm er das Brot und sagte Dank, brach es, reichte es seinen Jüngern und sprach:

NEHMET UND ESSET ALLE DAVON: DAS IST MEIN LEIB, DER FÜR EUCH HINGEGEBEN WIRD.

Ebenso nahm er nach dem Mahl den Kelch, dankte wiederum, reichte ihn seinen Jüngern und sprach:

NEHMET UND TRINKET ALLE DARAUS: DAS

IST DER KELCH DES NEUEN UND EWIGEN BUNDES, MEIN BLUT, DAS FÜR EUCH UND FÜR ALLE VERGOSSEN WIRD ZUR VERGEBUNG DER SÜNDEN. TUT DIES ZU MEINEM GEDÄCHTNIS.

Geheimnis des Glaubens:

A Deinen Tod, o Herr, verkünden wir, und deine Auferstehung preisen wir, bis du kommst in Herrlichkeit.

P Darum, gütiger Vater, feiern wir das Gedächtnis deines Sohnes: Wir verkünden sein heilbringendes Leiden, seine glorreiche Auferstehung und Himmelfahrt und erwarten seine Wiederkunft. So bringen wir dir mit Lob und Dank dieses heilige und lebendige Opfer dar.

Schau gütig auf die Gabe deiner Kirche. Denn sie stellt dir das Lamm vor Augen, das geopfert wurde und uns nach deinem Willen mit dir versöhnt hat. Stärke uns durch den Leib und das Blut deines Sohnes und erfülle uns mit seinem Heiligen Geist, damit wir ein Leib und ein Geist werden in Christus.

Er mache uns auf immer zu einer Gabe, die dir wohlgefällt, damit wir das verheißene Erbe erlangen mit deinen Auserwählten, mit der seligen Jungfrau und Gottesmutter Maria, mit deinen Aposteln und Märtyrern (mit dem – der – heiligen N.: Tagesheiliger oder Patron) und mit allen Heiligen, auf deren Fürsprache wir vertrauen.

Barmherziger Gott, wir bitten dich: Dieses Opfer unserer Versöhnung bringe der ganzen Welt Frieden und Heil. Beschütze deine Kirche auf ihrem Weg durch die Zeit und stärke sie im Glauben und in der Liebe: deinen Diener, unseren Papst N., unseren Bischof N. und die Gemeinschaft der Bischöfe, unsere Priester und Diakone, alle, die zum Dienst in der Kirche bestellt sind, und das ganze Volk deiner Erlösten.

Erhöre, gütiger Vater, die Gebete der hier versammelten Gemeinde und führe zu dir auch alle deine Söhne und Töchter, die noch fern sind von dir.

Erbarme dich (aller) unserer verstorbenen Brüder und Schwestern und aller, die in deiner Gnade aus dieser Welt geschieden sind. Nimm sie auf in deine Herrlichkeit. Und mit ihnen laß auch uns, wie du verheißen hast, zu Tische sitzen in deinem Reich.

Darum bitten wir dich durch unseren Herrn Jesus Christus. Denn durch ihn schenkst du der Welt alle guten Gaben.

Durch ihn und mit ihm und in ihm ist dir, Gott, allmächtiger Vater, in der Einheit des Heiligen Geistes alle Herrlichkeit und Ehre jetzt und in Ewigkeit.

A Amen.

Eucharistisches Hochgebet (Gott führt die Kirche)

P Der Herr sei mit euch.

A Und mit deinem Geiste.

P Erhebet die Herzen.

A Wir haben sie beim Herrn.

P Lasset uns danken dem Herrn, unserm Gott.

A Das ist würdig und recht.

P Wir danken dir, Gott, unser Vater, und preisen dich, denn du hast uns ins Leben gerufen.

Du läßt uns niemals allein auf unserm Weg und bist immer da für uns. Einst hast du Israel, dein Volk, mit starker Hand durch die weglose Wüste geleitet. Heute führst du deine pilgernde Kirche in der Kraft des Heiligen Geistes. Du bahnst ihr den Weg durch diese Zeit in die ewige Freude deines Reiches durch unseren Herrn Jesus Christus.

Darum singen wir mit allen Engeln und Heiligen das Lob deiner Herrlichkeit:

A Heilig, heilig, heilig ...

P Ja, du bist heilig, großer Gott. Du liebst die Menschen und bist ihnen nahe. Gepriesen sei dein Sohn, der immer mit

uns auf dem Weg ist und uns um sich versammelt zum Mahl der Liebe. Wie den Jüngern (von Emmaus) deutet er uns die Schrift und bricht das Brot für uns.
So bitten wir dich, gütiger Vater: Sende deinen Heiligen Geist über die Gaben von Brot und Wein. Er heilige sie, damit sie uns werden Leib + und Blut unseres Herrn Jesus Christus.
Am Abend vor seinem Leiden nahm er beim Mahl das Brot und sagte dir Dank, brach das Brot, reichte es seinen Jüngern und sprach:

NEHMET UND ESSET ALLE DAVON: DAS IST MEIN LEIB, DER FÜR EUCH HINGEGEBEN WIRD.

Ebenso nahm er nach dem Mahl den Kelch, dankte wiederum, reichte ihn seinen Jüngern und sprach:

NEHMET UND TRINKET ALLE DARAUS: DAS IST DER KELCH DES NEUEN UND EWIGEN BUNDES, MEIN BLUT, DAS FÜR EUCH UND FÜR ALLE VERGOSSEN WIRD ZUR VERGEBUNG DER SÜNDEN. TUT DIES ZU MEINEM GEDÄCHTNIS.

Geheimnis des Glaubens:

A Deinen Tod, o Herr, verkünden wir, und deine Auferstehung preisen wir, bis du kommst in Herrlichkeit.

P Darum, gütiger Vater, feiern wir das Gedächtnis deines Sohnes, der uns erlöst hat. Durch sein Leiden und seinen Tod am Kreuz hast du ihn zur Herrlichkeit der Auferstehung geführt und ihn erhöht zu deiner Rechten. Wir verkünden dieses Werk deiner Liebe, bis er wiederkommt, und bringen dir das Brot des Lebens und den Kelch des Segens dar.
Wir feiern das Opfer Christi, das er uns anvertraut hat. Er hat sich für uns hingegeben und schenkt uns Anteil an sei-

nem Leib und Blut. Wir bitten dich: Schau gütig auf die Gabe deiner Kirche, und gib, daß wir im Geist deiner Liebe für immer verbunden bleiben mit ihm und untereinander.
Barmherziger Gott, durch die Teilnahme an diesem Mahl stärke uns in der Einheit. Laß uns in Gemeinschaft mit unserem Papst N. und unserem Bischof N., mit allen Bischöfen, Priestern und Diakonen und mit deinem ganzen Volk in Vertrauen und Hoffnung deine Wege gehen und für alle eine Quelle der Freude und Zuversicht sein.
Vater, erbarme dich unserer Brüder und Schwestern (N. und N.), die im Frieden Christi heimgegangen sind, und aller Verstorbenen, deren Glauben du allein kennst. Laß sie dein Angesicht schauen, und schenke ihnen das Leben in Fülle. Wenn unser eigener Weg zu Ende geht, nimm auch uns für immer bei dir auf, und laß uns zusammen mit der seligen Jungfrau und Gottesmutter Maria, mit den Aposteln und den Märtyrern (mit dem/der heiligen N., mit den heiligen N. und N.) und mit allen Heiligen dich loben und preisen durch unseren Herrn Jesus Christus.
Durch ihn und mit ihm und in ihm ist dir, Gott, allmächtiger Vater, in der Einheit des Heiligen Geistes alle Herrlichkeit und Ehre jetzt und in Ewigkeit.

A Amen.

Gebet des Herrn und Friedensgruß

P Dem Wort unseres Herrn und Erlösers gehorsam und getreu seiner göttlichen Weisung wagen wir zu sprechen:
Oder:

P Lasset uns beten, wie der Herr uns zu beten gelehrt hat:
Oder:

P Wir heißen Kinder Gottes und sind es. Darum beten wir voll Vertrauen:

A Vater unser im Himmel. Geheiligt werde dein Name. Dein Reich komme. Dein Wille geschehe, wie im Himmel so auf

Erden. Unser tägliches Brot gib uns heute. Und vergib uns unsere Schuld, wie auch wir vergeben unsern Schuldigern. Und führe uns nicht in Versuchung, sondern erlöse uns von dem Bösen.

P Erlöse uns, Herr, allmächtiger Vater, von allem Bösen und gib Frieden in unseren Tagen. Komm uns zu Hilfe mit deinem Erbarmen und bewahre uns vor Verwirrung und Sünde, damit wir voll Zuversicht das Kommen unseres Erlösers Jesus Christus erwarten.

A Denn dein ist das Reich und die Kraft und die Herrlichkeit in Ewigkeit. Amen.

P Der Herr hat zu seinen Aposteln gesagt: Frieden hinterlasse ich euch, meinen Frieden gebe ich euch. Deshalb bitten wir: Herr Jesus Christus, schau nicht auf unsere Sünden, sondern auf den Glauben deiner Kirche und schenke ihr nach deinem Willen Einheit und Frieden.

P Der Friede des Herrn sei allezeit mit euch.

A Und mit deinem Geiste.

Schlußgebet

P Lasset uns beten.
Gütiger Gott, beim Gedenken an die selige Jungfrau Maria haben wir das heilige Sakrament empfangen. Hilf uns, nach dem Beispiel ihrer Liebe so zu leben, daß auch wir dem Werk der Erlösung dienen. Darum bitten wir durch Christus, unseren Herrn. Amen

Segen

P Gott, der allmächtige Vater, segne euch durch den Erlöser der Welt, unseren Herrn Jesus Christus, den Sohn der jungfräulichen Mutter Maria.

A Amen.

P Sie hat den Urheber des Lebens geboren; ihre mütterliche Fürsprache erwirke euch Gottes Hilfe.

A Amen.

P Euch und allen, die heute ihr Gedächtnis begehen, schenke Gott die wahre Freude und den ewigen Lohn.

A Amen.

P Das gewähre euch der dreieinige Gott, der Vater und der Sohn und der Heilige Geist.

A Amen.

Gebete und Gedanken nach dem Empfang der heiligen Kommunion

Willkommen seist du, heiliger Leib, von Gott zu uns gesandt in diese arme Zeit. – Stärke im Glauben das Innere meines Herzens, sei ein Helm des Heils und ein Zeichen auf meiner Stirn: daß das Wort in meinem Mund wahr sei und guter Wille in meinem Herzen; daß mich Keuschheit umgürte und Treue, und daß Festigkeit sei in meinen Werken. – Laß mich beharrlich Gutes tun bis ans Ende und führe mich einst in Freuden in deinen ewigen Frieden.

(aus dem Mittelalter)

Mein Gott, mein Erlöser, bleibe bei mir. Fern von dir müßte ich welken und verdorren. Zeigst du dich mir wieder, blühe ich auf in neuem Leben. – Du bist das Licht, das nie verlöscht, die Flamme, die immer lodert. – Vom Gesetz deines Lichtes beschienen, werde ich selber Licht, um anderen zu leuchten. Ich bin wie ein Glas, durch das du den anderen scheinst. Laß mich zu deinem Ruhm deine Wahrheit und deinen Willen verkünden, – nicht durch viele Worte, sondern durch die stille Kraft der tätigen Liebe – wie deine Heiligen – durch meines Herzens aufrichtige Liebe zu dir. (John Henry Newman)

Wir danken dir, Vater, für das Leben und die Erkenntnis, die du uns kundgetan durch Jesus, deinen Sohn. Wie dies Brot, das wir gegessen haben, in den Körnern zerstreut war über die Hügel und nun zu Einem geworden ist, so werde von den Enden der Erde deine Kirche vereint in deinem Reich. Du hast alles geschaffen und gibst Speise und Trank, den Menschen zur Erquickung. Uns aber hast du geistliche Speise gegeben und ewiges Leben durch Jesus, deinen Sohn. Gedenke Herr, deiner Kirche. Entreiße sie dem Bösen und vollende sie in deiner Liebe. Bringe sie heim von allen vier Winden in dein Reich. – Denn dein ist das Reich und die Kraft und die Herrlichkeit in Ewigkeit. Amen. (Zwölfapostellehre, 2. Jh.)

Wir preisen dich, unsichtbarer Vater, du Spender ewigen Lebens. Du bist der Urquell jeder Gnade und jeder Wahrheit. Du liebst die Menschen und bist der Freund der Armen. Durch die Einkehr deines geliebten Sohnes bei uns läßt du dich mit allen versöhnen und ziehst alle an dich.
Mache aus uns lebendige Menschen. Gib uns den Geist des Lichtes, daß wir dich und Jesus Christus, den du gesandt hast, erkennen. Gib uns den Heiligen Geist, damit wir deine unergründlichen Geheimnisse künden und erklären können. Aus uns möge reden Jesus, der Herr, und der Heilige Geist. Durch uns soll er dich lobpreisen. Denn du bist erhaben über jede Macht und Gewalt und Kraft und Herrschaft. (Serapion)

Ich komme wie ein Kranker zum Arzt des Lebens, wie ein Unreiner zur Quelle des Erbarmens, wie ein Blinder zum Licht der ewigen Klarheit, wie ein Armer zum Herrn des Himmels und der Erde. Barmherziger Gott, gib, daß ich nicht nur äußerlich das Sakrament des Leibes und Blutes des Herrn empfange, sondern auch innerlich dessen Wesen und Kraft, daß ich verdiene, seinem geheimnisvollen Leib einverleibt zu werden.
Liebreichster Vater, laß mich deinen geliebten Sohn, den ich jetzt auf dem Weg dieses Lebens verhüllt empfange, einst mit unverhülltem Angesicht ewig schauen.

(Thomas von Aquin)

Seele Christi, heilige mich.
Leib Christi, rette mich.
Blut Christi, tränke mich.
Wasser der Seite Christi, wasche mich.
Leiden Christi, stärke mich.
O guter Jesus, erhöre mich.

Birg in deinen Wunden mich.
Von dir laß nimmer scheiden mich.
Vor dem bößen Feind beschütze mich.
In meiner Todesstunde rufe mich,
zu dir zu kommen heiße mich,
mit deinen Heiligen zu loben dich
in deinem Reiche ewiglich. Amen.
(GL 6)

Die Eucharistie ist unser tägliches Brot. Seine innere Kraft ist die Einheit: Wir werden aufgenommen in seinen Leib, werden seine Glieder und sind so das, was wir empfangen.

(Augustinus)

Wir, die wir das Geheimnis des Todesleidens des Herrn feiern, müssen selbst nachahmen, was wir tun. Nur dann wird Christus in Wahrheit für uns Opfergabe sein vor Gott, wenn wir uns selbst zu einer Opfergabe machen.

(Gregor der Große)

Wie groß ist die Liebe Christi, die alle zu sich beruft: Kommt alle zu mir, die ihr mühselig und beladen seid; ich will euch erquicken. So bietet er sich dar und wünscht aus Liebe zu uns, die Lasten aller und jedes einzelnen zu tragen. Daher wirf mit großem Vertrauen deine Sünden in den Abgrund seiner Liebe. (Petrus Canisius)

Fürbittgebete

Für den Papst

Herr Jesus Christus, du bist der Herr deiner Kirche. Du hast Petrus und seine Nachfolger eingesetzt, die Brüder zu stärken. Wir rufen zu dir für unseren Papst N.

1. Leite den Hirten deiner ganzen Kirche, Papst N., und beschütze ihn mit deiner Liebe.

Betende am Rosenkranzplatz

2. Erleuchte ihn in schweren Entscheidungen mit deinem Geist.
3. Segne seine Arbeit, erhöre seine Gebete und stärke ihn in Enttäuschungen.
4. Stelle ihm kluge Mitarbeiter und Berater an die Seite.
5. Führe ihn zusammen mit der Kirche, die er in dieser Zeit leitet, zu deiner Herrlichkeit.

Großer, gütiger Gott, dein Sohn Jesus Christus hat Petrus seinen Beistand versprochen. Höre unser Gebet für den

Nachfolger des heiligen Petrus, unseren Papst N., und erhöre uns.

Für den Bischof

Herr Jesus Christus, du bist der Hirt der Hirten. Höre uns, wenn wir dich bitten für unseren Bischof N.

1. Segne unseren Bischof N. und unser ganzes Bistum.
2. Schenke ihm die für sein Amt notwendige Weisheit, Güte und Konsequenz.
3. Gib ihm kluge, gerechte und selbstlose Helfer und Berater.
4. Belohne seine Mühen und Opfer, erhöre seine Gebete und stärke ihn in Enttäuschungen.
5. Geleite den Bischof zusammen mit allen Angehörigen seines Bistums in dein ewiges Reich.

Ewiger, liebender Gott, du hast der Kirche von . . . den Bischof N. als Hirten gegeben. Nimm unsere Bitten für ihn gnädig an und erhöre uns.

Für die Priester

Jesus, du bist der Gute Hirt, wir bitten dich für unsere Priester:

1. Laß unsere Priester in Einigkeit miteinander leben und arbeiten und schenke ihnen brüderliche Gemeinschaft.
2. Gib ihnen den Geist des Mutes, daß sie dein Evangelium verkünden – ob gelegen oder ungelegen.
3. Erfülle die Priester mit dem Licht deiner Wahrheit und gebrauche ihre Hände, um Menschen zu heilen und zu retten.
4. Schenke ihnen ein tiefes Vertrauen auf deine göttliche Vorsehung und laß sie nicht müde werden in ihrem Dienst.
5. Nimm unsere verstorbenen Priester auf in deine Herrlichkeit und vergilt ihr Wirken mit dem ewigen Leben.

Heiliger Vater, ewiger Gott, erwecke in deiner Kirche den

Geist der Apostel deines Sohnes, und erhöre unser Gebet für die Priester. Durch Christus, unseren Herrn.

Um Priester- und Ordensnachwuchs

Herr Jesus Christus, du hast gesagt: Die Ernte ist groß, aber es sind zu wenig Arbeiter. Darum bitten wir:

1. Erwecke in vielen gläubigen jungen Männern Interesse für das Priestertum deiner Kirche.
2. Erfülle die Herzen vieler junger Menschen mit Begeisterung für die Ehre Gottes und mit Liebe zum Dienst am Nächsten im Ordensleben.
3. Schenke denen, die du berufen hast, den Mut, deinem Ruf zu folgen.
4. Erleuchte die Priestererzieher und die theologischen Lehrer, damit sie den Studenten Licht auf ihrem Weg sein können.
5. Gib vielen Mädchen neues Verständnis für die klösterlichen Ideale der Armut, der Ehelosigkeit und des Gehorsams.
6. Laß uns so leben, daß aus unseren Familien Priester und Ordensleute hervorgehen können.

Heiliger Gott, du hast uns alle zu einem Volk von Priestern und Königen gerufen. Höre uns, wenn wir dich um Priester und Ordensleute bitten, und erhöre unser Gebet.

Um Versöhnung

Herr Jesus Christus, du bist gekommen, das Getrennte zu vereinen. Wir bitten dich für die Menschen, die sich auseinandergelebt haben:

1. Versöhne die Völker, die einander hassen und bekämpfen.
2. Vereine die Familien, die zerrissen sind, und schenke den Eheleuten, die sich entzweit haben, neue Liebe.
3. Gib allen, die in Feindschaft leben, den Mut und die Demut, den ersten Schritt auf den anderen hin zu gehen.

4. Schenke den Völkern, die von Kriegen bedrängt werden, neuen Frieden.
5. Führe die getrennten Christen zu dem einen Mahl deiner Liebe zusammen.

Guter Gott, dein Sohn hat uns geboten, uns zuerst zu versöhnen, bevor wir mit unseren Gaben zum Altar treten. Schenke uns den Geist der Versöhnung durch Jesus Christus, unseren Herrn.

Um Einheit im Glauben

Herr Jesus Christus, in unsere Herzen ist dein Geist, der Geist der Einheit und der Liebe, ausgegossen. Wir rufen zu dir um Einheit im Glauben:

1. Gib allen, die durch das gemeinsame Band der Taufe verbunden sind, ein lebendiges Gefühl der Zusammengehörigkeit.
2. Gib allen christlichen Theologen, die über die Wege zur Einheit nachdenken, Phantasie, Güte und Weisheit.
3. Zeige uns Wege, wie wir im praktischen Zusammenleben die endgültige Einheit vorbereiten können.
4. Bewahre uns vor Kompromissen, die der Wahrheit nicht standhalten.
5. Erleuchte alle, die unsicher sind und nach deiner Wahrheit suchen.

Vater im Himmel, wir katholischen Christen sind mit vielen anderen Christen durch die Taufe, durch die Hochschätzung der Heiligen Schrift und durch das Bekenntnis deines Sohnes Jesus Christus verbunden. Wir alle sehnen uns nach der Einheit im Glauben, die der Wille Christi ist. Höre unser Gebet und erhöre uns.

Für die Kranken

Herr Jesus Christus, du bist zu den Kranken gegangen und hast sie geheilt. Wir bitten dich für unsere Kranken:

Die Kranken werden liebevoll betreut

1. Schenke ihnen Linderung in ihren Schmerzen und baldige Genesung.
2. Bewahre sie in Geduld, Zuversicht und gläubigem Vertrauen.
3. Zeige ihnen, daß ihr Leid ein Weg zu dir sein kann.
4. Segne den Dienst der Ärzte, Schwestern und Pfleger.
5. Schenke den Kranken geduldige und gütige Freunde.
6. Stärke und tröste sie mit den Sakramenten der Kirche.

Barmherziger Vater, dein Sohn Jesus Christus hat uns durch sein Leiden und seine Schmerzen erlöst. Erhöre unsere Bitten für alle, die Schmerzen haben und Leid tragen. Durch ihn, Christus, unseren Herrn.

Um den Geist der Wahrheit

Herr Jesus Christus, dein Geist führt uns in alle Wahrheit ein. Höre unser Gebet:

1. Führe uns in deine Wahrheit, daß wir dein Wort besser verstehen.
2. Führe uns in deine Wahrheit, daß wir noch mehr füreinander offen sind.
3. Führe uns in deine Wahrheit, daß in unserem Verhalten nicht der eigene Vorteil entscheidend ist, sondern das Wohl der anderen.
4. Führe uns in deine Wahrheit, daß wir in Schwierigkeiten nicht kleinmütig werden.
5. Führe uns in deine Wahrheit, damit wir alles, was kommt, Freude und Leid, Leben und Tod, aus deiner Hand annehmen können.

Heiliger Vater, durch deinen Geist, der ausgegossen ist in unsere Herzen, sind wir dir nahe. Höre auf unser Gebet und erhöre es.

Für die verschiedenen Lebensalter

Laßt uns beten zu unserem Herrn Jesus Christus:
1. Für alle Kinder, die in unserer Mitte klein und wehrlos sind:
   Daß ihnen nichts Böses zustößt, daß sie im Glauben an Gott heranwachsen und daß sie lieben und nicht hassen lernen.
2. Laßt uns beten für die jungen Menschen, die das Leben noch vor sich haben:
   Daß sie Jesus Christus und seine Botschaft kennenlernen, daß sie mit Unsicherheiten zu leben wagen, und daß sie niemals mutlos werden.
3. Laßt uns beten für alle, die in der Kraft ihres Lebens stehen:
   Daß sie sich nicht selbst suchen, sondern das Wohl der anderen, daß sie – verheiratet oder unverheiratet – nicht einsam werden und daß sie den Glauben an Jesus Christus und seine Kirche bewahren.
4. Laßt uns beten für alle alten Menschen:
   Daß ihr Herz jung bleibt, daß sie mit ihrer Lebenserfah-

rung vielen anderen helfen können und daß sie Achtung und Zuneigung von Jüngeren erfahren.

Gott, unser Vater, bewahre die verschiedenen Generationen im Frieden untereinander und bleibe in unserer Mitte durch Christus, unseren Herrn.

Für Ehe und Familie

Herr Jesus Christus, du hast in der Familie von Nazareth gelebt und kennst die Gefahren, durch die heute das Familienleben bedroht wird. Wir bitten dich:

1. Bilde die christlichen Ehen und Familien nach dem Vorbild der Heiligen Familie.
2. Mache die Familien zu Stätten des Glaubens, des Gebetes, des Verzeihens und des Liebens.
3. Schenke den Eheleuten Ehrfurcht vor deiner heiligen Ordnung und erhalte in ihnen die Liebe zu ihren Kindern.
4. Schenke unseren Familien immer den Segen der Arbeit und bewahre sie vor Arbeitslosigkeit.
5. Gib jenen Eheleuten, deren Liebe zu erkalten droht, neues Verständnis füreinander und die Gnade eines Neubeginns.
6. Bewahre in den Jugendlichen unserer Zeit die Ehrfurcht vor dem Sakrament der Ehe.

Du, o Gott, hast den Menschen als Mann und Frau erschaffen; dein Wille möge auch in unserer Zeit geheiligt sein – durch Christus, unseren Herrn.

Maria (1)

Herr Jesus Christus, du bist der Sohn der Jungfrau Maria. Gott hat sie mehr als alle Menschen gesegnet. Darum rufen wir:

1. Wecke in den Getauften – nach dem Vorbild Mariens – demütige Hingabe in den Willen Gottes und wahre Opferbereitschaft.

2. Gewähre allen, die den Namen Mariens anrufen, Trost und Schutz.
3. Stärke die Kranken, Leidenden und Trauernden durch die Hilfe der schmerzensreichen Mutter.
4. Versöhne durch die Fürsprache der Königin des Friedens unsere zerstrittene Welt.
5. Mache Maria für alle unsere Toten zur Pforte des Himmels.

Gütiger Vater, schau auf die Mutter deines Sohnes, höre auf ihre Fürsprache und erhöre uns.

Maria (2)

Herr Jesus Christus, geboren von der Jungfrau Maria, wir flehen zu dir:

1. Gib uns eine innige Liebe zu deiner Mutter Maria.
2. Mach uns ihr ähnlich in der Bereitschaft, deinen Willen zu erfüllen.
3. Bewahre durch ihre Fürsprache deine Kirche vor dem Angriff des Bösen.
4. Laß in uns die Ehrfurcht vor dem Geheimnis des menschlichen Lebens wachsen.
5. Schenke unserer Kirche eine zeitgemäße, tiefe Marienfrömmigkeit.

Gütiger Vater, an Maria sehen wir, welche Würde du uns Menschen schenkst. Deshalb setzen wir auf dich unser Vertrauen und bitten dich, erhöre uns.

Sakramentsprozession und Krankensegnung

Maria wünschte sich im Gespräch mit Bernadette an der Grotte, man möge doch „in Prozessionen“ hierher ziehen. In der täglichen Sakramentsprozession erfüllt sich dieser Wunsch der Gottesmutter in schönster Weise. Oft sind es Tausende, die sich an dieser feierlichen eucharistischen Prozession beteiligen und dem Herrn im heiligen Sakrament ihr „Hosianna“ zurufen. Die Prozession beginnt täglich um 17.00 Uhr. Treffpunkt ist in der Regel der große Freialtar auf der Wiese jenseits des Gave (Prairie), gegenüber der Grotte. Der Prozessionsweg endet immer in der Unterirdischen Basilika St. Pius – dort empfangen Kranke und Gesunde den eucharistischen Segen. Die Rollstuhlfahrer können selbst entscheiden, ob sie mit der Prozession gehen oder von Anfang an in der Basilika Pius X. auf die Ankunft des Allerheiligsten warten wollen. Der Beginn der Feier auf der Prairie und der Weg der betenden Menschen werden per Video in die Basilika übertragen. Nur bei sehr schlechtem oder allzu heißem Wetter wird die Prozession gleich von Anfang an in der Unterirdischen Basilika abgehalten.

Die Sakramentsprozession ist ein eindrucksvolles Zeichen für die pilgernde Kirche, die ihren Weg durch die Zeit nimmt; die Mitte dieser großen Pilgerschar ist Jesus Christus selbst. Damit man den Sinn dieser Prozession noch besser verstehen kann, werden wichtige Symbole mitgetragen.

Kranke aus aller Welt finden Trost und neue Kraft.

Ein Diakon trägt das **Evangelienbuch.** Dieses Evangeliar ist Zeichen dafür, daß Jesus Christus in seinem Wort unter uns ist. Das Wort Gottes verkündet die Botschaft der Erlösung, den Tod und die Auferstehung unseres Herrn Jesus Christus. Wir alle werden daran erinnert, daß wir diese Frohbotschaft nicht für uns selbst behalten dürfen. Alle Getauften sind aufgerufen, Gottes Wort weiterzusagen. So gilt auch heute noch, was Paulus an seinen Freund und Schüler Timotheus geschrieben hat: *„Ich beschwöre dich bei Gott und bei Christus Jesus . . .: Verkünde das Wort, tritt dafür ein, ob man es hören will oder nicht; weise zurecht, tadle, ermahne, in unermüdlicher und geduldiger Belehrung. Denn es wird eine Zeit kommen, in der man die ge-*

sunde Lehre nicht erträgt, sondern sich nach eigenen Wünschen immer neue Lehrer sucht, die den Ohren schmeicheln . . . du aber sei in allem nüchtern, ertrage das Leiden, verkünde das Evangelium, erfülle treu deinen Dienst!" (2 Tim 4,1-5).

Mitten in der Gruppe der Kranken und Rollstuhlfahrer wird als zweites Symbol ein großes **Kreuz** getragen. Das Kreuz ist Zeichen des Leidens Jesu, es ist aber zugleich ein Zeichen des Sieges über Sünde und Tod. Der heilige Paulus schreibt dazu an die Gemeinde von Korinth: *„Das Wort vom Kreuz ist denen, die verloren gehen, Torheit; uns aber, die gerettet werden, ist es Gottes Kraft. Es heißt nämlich in der Schrift: Ich lasse die Weisheit der Weisen vergehen und die Klugheit der Klugen verschwinden . . . Die Juden fordern Zeichen, die Griechen suchen Weisheit. Wir dagegen verkündigen Christus als den Gekreuzigten: für Juden ein empörendes Ärgernis, für Heiden eine Torheit, für die Berufenen aber, Juden wie Griechen, Christus, Gottes Kraft und Gottes Weisheit. Denn das Törichte an Gott ist weiser als die Menschen, das Schwache an Gott ist stärker als die Menschen" (vgl. 1 Kor 1, 18 – 25).*

Diese Symbole der Prozession lenken unsere Gedanken zu Jesus hin, der in der Gestalt des eucharistischen Brotes unseren Weg begleitet. Sein Segen gilt allen Pilgerinnen und Pilgern, den Leidenden und Pflegenden, den Hilfsbedürftigen und Helfern. Wenn wir den eucharistischen Segen empfangen, sollten wir auch selbst zum Segen werden für unsere Schwestern und Brüder.

Mit folgenden Worten können wir Gottes Segen einem anderen Menschen zusprechen:

„Der Herr sei vor dir, um dir den rechten Weg zu zeigen.
Der Herr sei neben dir, um dich in die Arme zu schließen und dich zu schützen.
Der Herr sei hinter dir, um dich zu bewahren vor der Heimtükke böser Menschen.

Ein gelähmter Priester begleitet das heiligste Sakrament

Der Herr sei unter dir, um dich aufzufangen, wenn du fällst, und dich aus der Schlinge zu ziehen.
Der Herr sei in dir, um dich zu trösten, wenn du traurig bist.
Der Herr sei um dich herum, um dich zu verteidigen, wenn andere über dich herfallen.
Der Herr sei über dir, um dich zu segnen.
So segne dich der gütige Gott.“

Tantum ergo

Tantum ergo sacramentum
Veneremur cernui:
Et antiqum documentum
Novo cedat ritui:
Praestes fides
Supplementum
Sensuum defectui.

Gott ist nah in diesem Zeichen:
kniet hin und betet an.
Das Gesetz der Furch muss weichen,
da der Neue Bund begann;
Mahl der Liebe ohnegleichen:
nehmt im Glauben teil daran.

Genitori, Genitoque
Laus et jubilatio,
Salus, honor, virtus quoque
Sit et benedictio.
Procedenti ab utroque
Compar sit laudatio.
Amen.

Gott dem Vater und dem Sohne
singe Lob, du Christenheit;
auch dem Geist auf gleichem Throne
sei der Lobgesang geweiht.
Bringet Gott im Jubeltone
Ehre, Ruhm und Herrlichkeit.
Amen.

(GL 543/544)

Lichterprozession und die Burg von Lourdes

Die Lichterprozession

Jeden Abend wird an der Grotte der Rosenkranz gebetet. Danach versammeln sich die Pilgergruppen zur Lichterprozession. Jeder Teilnehmer trägt dabei eine brennende Kerze. Das Licht soll ihn an die Worte Jesu erinnern:
»Ich bin das Licht der Welt. Wer mir nachfolgt, wird nicht in der Finsternis umhergehen, sondern wird das Licht des Lebens haben.« (Joh 8, 12)
»Ihr seid das Licht der Welt. Eine Stadt, die auf einem Berg liegt, kann nicht verborgen bleiben. Man zündet auch

nicht ein Licht an und stülpt ein Gefäß darüber, sondern man stellt es auf den Leuchter; dann leuchtet es allen im Haus. So soll euer Licht vor den Menschen leuchten, damit sie eure guten Werke sehen und euren Vater im Himmel preisen.«
(Mt 5, 14–16)

Das große Lourdeslied

2. Der Engel geleitet mit sorgender Hand /
   das Kind Bernadette an des Flusses Rand.
3. Auf Massabiell' schaut's ein strahlendes Licht /
   wie solches entstanden, begreift es wohl nicht.
4. »O sprich, schöne Dame, was willst du von mir? /
   Was immer dein Wunsch, ich erfülle ihn dir.«
5. »Gehorsames Kind, ich verspreche dafür, /
   dich glücklich zu machen im Himmel, nicht hier.

6. – Geh' hin zu der Quelle! Ihr Wasser so rein. /
es soll dies ein schönes Geschenk von mir sein.«
7. »O himmlische Dame, ich bitte dich, sprich! /
Wie ist doch dein Name? Wie heißest man dich?«
8. »Die sündlos Empfang'ne«, so spricht sie, »bin ich, /
die makellos Reine. Nun kennest du mich.«
9. Die Grotte, die ehemals verlassen und wild, /
sie schmückt jetzt ihr heiliges, himmlisches Bild.
10. O leite und führe uns, himmlischer Stern, /
zum Himmel, zur Heimat, zu Gott, unserm Herrn.
(ausgewählt aus insgesamt 60 Strophen)

Maria im Heilsplan Gottes

2. Du bist Christi Mutter und Braut, / hast ihm ganz dein Herz vertraut. / Du hast geglaubt, gehofft und geliebt. / Liebe und Glaube und Hoffnung uns gib. / Ave . . .

3. Du hast teil an Christi Werk, / gingst mit ihm zum Kreuzesberg, / standest bei ihm in bitterster Not, / hieltest die Treue ihm bis in den Tod. / Ave . . .

4. Gott hat dich im Himmel verklärt, / weil du dich so treu bewährt. / Führ uns den Weg ins himmlische Reich. / Wir wollen werden, o Mutter, dir gleich. / Ave . . .

5. Stets soll Gottes Wille geschehn. / Er soll uns gehorsam sehn. / Laß uns wie du, gehorsame Magd, / sprechen, was du zu dem Engel gesagt. / Ave . . .

6. Zeige uns des Lebens Sinn: / Führe uns zu Christus hin; / laß allen Menschen Brüder uns sein; / hilf uns, das Leben den Brüdern zu weihn! / Ave . . .

7. Öffne Augen uns und das Herz / für des Bruders Leid und Schmerz, / daß wir ihm geben Freiheit und Brot / und so erfüllen des Herren Gebot. / Ave . . .

Walfahrtslied von Lourdes
T: Ludwig Steger M: Paul Décha

Das lateinische Glaubensbekenntnis – Credo

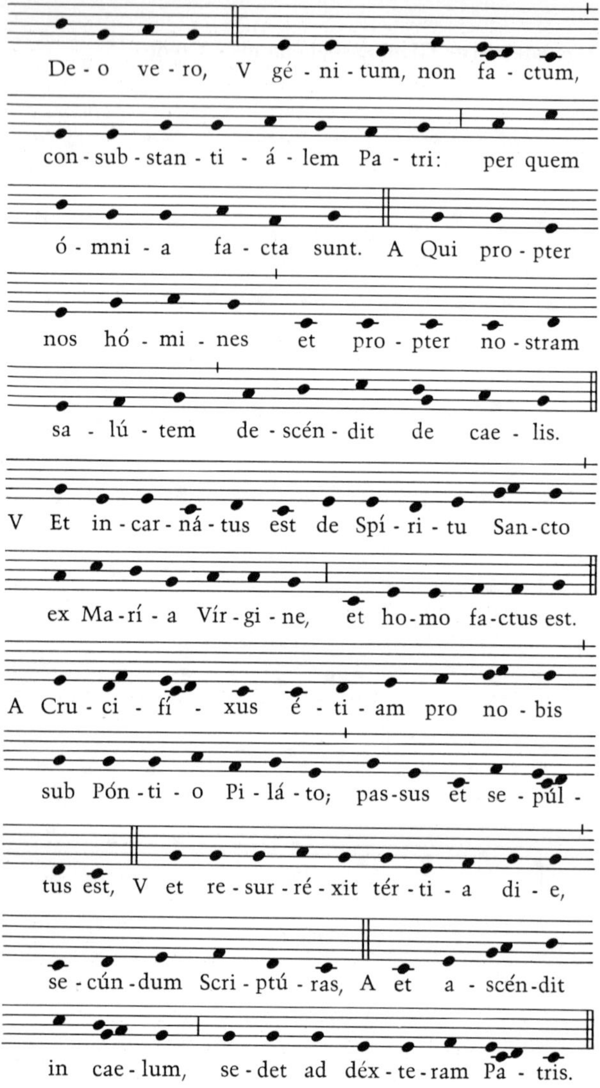
De - o ve - ro, V gé - ni - tum, non fa - ctum,
con - sub - stan - ti - á - lem Pa - tri: per quem
ó - mni - a fa - cta sunt. A Qui pro - pter
nos hó - mi - nes et pro - pter no - stram
sa - lú - tem de - scén - dit de cae - lis.
V Et in - car - ná - tus est de Spí - ri - tu San - cto
ex Ma - rí - a Vír - gi - ne, et ho - mo fa - ctus est.
A Cru - ci - fí - xus é - ti - am pro no - bis
sub Pón - ti - o Pi - lá - to; pas - sus et se - púl -
tus est, V et re - sur - ré - xit tér - ti - a di - e,
se - cún - dum Scri - ptú - ras, A et a - scén - dit
in cae - lum, se - det ad déx - te - ram Pa - tris.

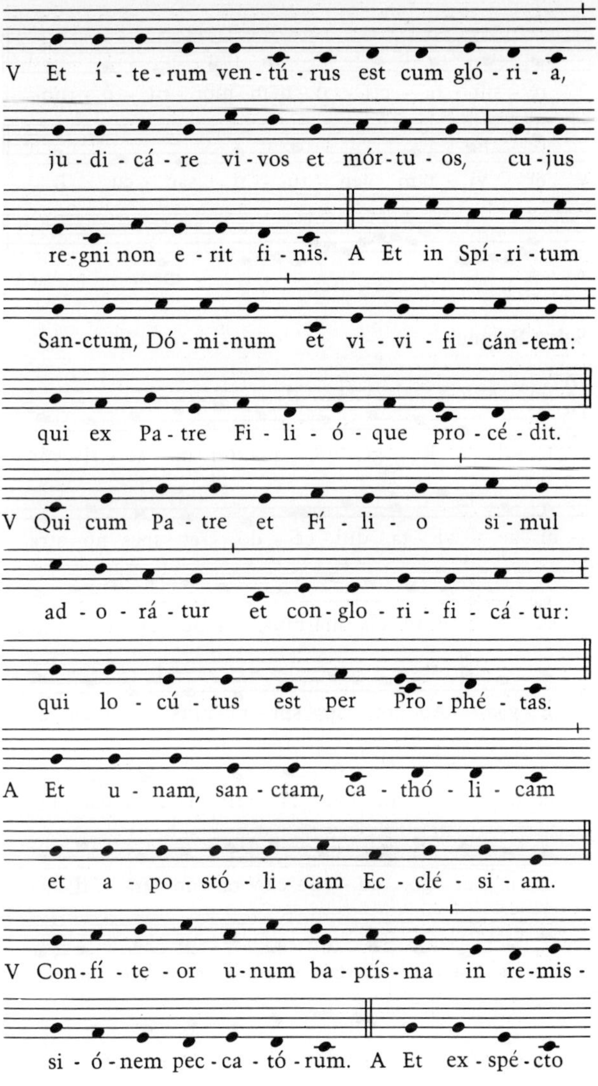
V Et í - te - rum ven - tú - rus est cum gló - ri - a,
ju - di - cá - re vi - vos et mór - tu - os, cu - jus
re - gni non e - rit fi - nis. A Et in Spí - ri - tum
San - ctum, Dó - mi - num et vi - vi - fi - cán - tem:
qui ex Pa - tre Fi - li - ó - que pro - cé - dit.
V Qui cum Pa - tre et Fí - li - o si - mul
ad - o - rá - tur et con - glo - ri - fi - cá - tur:
qui lo - cú - tus est per Pro - phé - tas.
A Et u - nam, san - ctam, ca - thó - li - cam
et a - po - stó - li - cam Ec - clé - si - am.
V Con - fí - te - or u - num ba - ptís - ma in re - mis -
si - ó - nem pec - ca - tó - rum. A Et ex - spé - cto

Salve Regina

T: 11. Jh. M: 17. Jh. nach Henri Du Mont

Marienlob

Sei gegrüßt, o Königin

V Sei gegrüßt, o Königin,
A Mutter der Barmherzigkeit; / unser Leben, unsre Wonne / und unsre Hoffnung, sei gegrüßt! / Zu dir rufen wir, verbannte Kinder Evas; / zu dir seufzen wir / trauernd und weinend in diesem Tal der Tränen. / Wohlan denn, unsre Fürsprecherin, / wende deine barmherzigen Augen uns zu, / und nach diesem Elend zeige uns Jesus, / die gebenedeite Frucht deines Leibes. / O gütige, o milde, o süße Jungfrau Maria.
(GL 32)

Unter deinen Schutz und Schirm

Unter deinen Schutz und Schirm / fliehen wir, heilige Gottesmutter. / Verschmähe nicht unser Gebet in unseren Nöten, / sondern errette uns jederzeit aus allen Gefahren, / o du glorwürdige und gebenedeite Jungfrau, / unsere Frau, / unsere Mittlerin, / unsere Fürsprecherin. / Führe uns zu deinem Sohne, / empfiehl uns deinem Sohne, / stelle uns vor deinem Sohne.
(GL 32)

O meine Gebieterin, o meine Mutter

O meine Gebieterin, o meine Mutter. / Dir bringe ich mich ganz dar, / und um dir meine Hingabe zu bezeigen, / weihe ich dir heute meine Augen, / meine Ohren, meinen Mund, / mein Herz, mich selber ganz und gar. / Weil ich also dir gehöre, o gute Mutter, / bewahre mich, / beschütze mich als dein Gut und Eigentum.
(GL 783)

Gedenke, gütige Jungfrau

Gedenke, gütige Jungfrau Maria: / Es ist noch nie gehört worden, / daß jemand, der zu dir seine Zuflucht genommen, / deine Hilfe angerufen und um deine Fürbitte gefleht, / von dir verlassen worden sei. / Von solchem Vertrauen beseelt, / nehme ich zu dir meine Zuflucht, / Mutter Jesu Christi und Jungfrau der Jungfrauen. / Zu dir komme ich, / vor dir stehe ich als armer sündiger Mensch. / Mutter des ewigen Wortes, / verschmähe nicht meine Worte, / sondern höre mich gnädig an und erhöre mich.

Gebet von Papst Johannes XXIII.

Ich grüße dich, Mutter, jeden Tag.
Ich grüße dich auf all meinen Wegen.
Ich bitte dich um Eingebung und Kraft,
um meine irdischen Pflichten recht zu erfüllen,
um Gott zu loben und die ewige Seligkeit zu erlangen.
Maria, ich will wie du in Bethlehem und auf Golgota
immer bei Jesus bleiben.
Er ist der unsterbliche König aller Zeiten und Völker.

Jungfrau, Mutter Gottes mein

Jungfrau, Mutter Gottes mein,
laß mich ganz dein eigen sein.

Die „Gekrönte Madonna“ ▶

Dein im Leben, dein im Tod,
dein in Unglück, Angst und Not,
dein in Kreuz und bittrem Leid,
dein für Zeit und Ewigkeit.
Jungfrau, Mutter Gottes mein,
laß mich ganz dein eigen sein.

Mutter, auf dich hoff und baue ich.
Mutter, zu dir ruf und seufze ich,
Mutter, du gütigste, steh mir bei.
Mutter, du mächtigste, Schutz mir leih.

O Mutter, so komm, hilf beten mir.
O Mutter, so komm, hilf streiten mir.
O Mutter, so komm, hilf leiden mir.
O Mutter, so komm, und bleib bei mir.

Du kannst mir ja helfen, o Mächtigste.
Du willst mir ja helfen, o Gütigste.
Du mußt mir nun helfen, o Treueste.
Du wirst mir auch helfen, Barmherzigste.

O Mutter der Gnaden, der Christen Hort,
du Zuflucht der Sünder, des Heiles Port.
Du Hoffnung der Erde, des Himmels Zier,
du Trost der Betrübten, ihr Schutzpanier.

Wer hat je umsonst deine Hilf angefleht?
Wann hast du vergessen ein kindlich Gebet?
Drum ruf ich beharrlich in Kreuz und in Leid:
Maria hilft immer, sie hilft jederzeit.

Ich ruf voll Vertrauen in Leiden und Tod:
Maria hilft immer, in jeglicher Not.
So glaub ich und lebe und sterbe darauf,
Maria hilft mir in den Himmel hinauf.

Mutter Gottes, wir rufen zu dir

V/A Mutter Gottes, wir rufen zu dir.
V Du Tochter des ewigen Vaters

A Maria, wir rufen zu dir.
V Du Mutter des göttlichen Sohnes
Du Tempel des Heiligen Geistes
Du hilfreiche Mutter der Gnade
V/A Mutter Gottes, wir rufen zu dir.
V Du Urbild und Mutter der Kirche
Sei nahe dem Heiligen Vater
Dem Bischof inmitten der Seinen
Begleite das Wirken der Priester
Bewahr' uns in Treue zur Kirche
V/A Mutter Gottes, wir rufen zu dir.
V Du Hilfe und Vorbild der Christen
Schenk unsern Familien Frieden
Erhalte die Jugend im Glauben
Hilf allen, die zweifeln und suchen
Erflehe die Einheit der Christen
V/A Mutter Gottes, wir rufen zu dir.
V Du Zeichen der sicheren Hoffnung
Ermuntre die Müden und Lauen
Verwehre den Sieg allem Bösen
Beschütze den Frohsinn der Kinder
Schenk Hoffnung den Kranken und Alten
V/A Mutter Gottes, wir rufen zu dir.
V Du Ursache unserer Freude
Die Streitenden führe zusammen
Verbitterte tröste und stütze
Gib allen Verständnis und Güte
Erbitte den Frieden der Völker
V/A Mutter Gottes, wir rufen zu dir.
V Wir Menschen in Hetze und Unrast
Wir suchen nach Glück und Erfüllung
Wir lassen uns täuschen vom Bösen
Zeig du uns den Weg hin zu Christus
Du unsere himmlische Mutter
V/A Mutter Gottes, wir rufen zu dir.

Gebet zur Muttergottes von der immerwährenden Hilfe

V Gütige und mächtige Jungfrau, dein göttlicher Sohn hat dem gemeinsamen Gebet in besonderer Weise Erhörung zugesagt. Wir wollen für unsere leidenden Brüder und Schwestern beten und ihnen dadurch helfen.
Lasset uns beten für die Kranken und vom Leid Geplagten. –
Mutter Gottes, du Heil der Kranken, bitte für sie.

A Mutter Gottes, du Heil der Kranken, bitte für sie.

V Lasset uns beten
für die Betrübten und Bedrängten. –
Mutter Gottes, du Trösterin der Betrübten, bitte für sie.

A Mutter Gottes, du Trösterin der Betrübten,
bitte für sie.

V Lasset uns beten
für alle, die sich in irgendeiner Not befinden. –
Mutter Gottes, du Hilfe der Christen, bitte für sie.

A Mutter Gottes, du Hilfe der Christen, bitte für sie.

V Lasset uns beten
für alle Ratlosen und Verzweifelten. –
Mutter Gottes, du Mutter des guten Rates,
bitte für sie.

A Mutter Gottes, du Mutter des guten Rates, bitte für sie.

V Lasset uns beten
für die Bekehrung der Sünder und Ungläubigen. –
Mutter Gottes, du Zuflucht der Sünder, bitte für sie.

A Mutter Gottes, du Zuflucht der Sünder,
bitte für sie.

V Lasset uns beten für alle,
die in unserem Land Verantwortung tragen. –
Mutter Gottes, du Schutzfrau unseres Landes,
bitte für sie.

A Mutter Gottes, du Schutzfrau unseres Landes,
bitte für sie.

V Lasset uns beten
für unsere Stadt (unsere Gemeinde). –

Mutter Gottes, du Mutter von der immerwährenden Hilfe, bitte für sie.

A Mutter Gottes, du Mutter von der immerwährenden Hilfe, bitte für sie.

V Lasset uns beten für unsere Kirche, für den Papst, die Bischöfe, Priester und das ganze Volk Gottes. – Mutter Gottes, du Mutter der Kirche, bitte für sie.

A Mutter Gottes, du Mutter der Kirche, bitte für sie.

V Lasset uns beten für die jungen Menschen, die der Herr in seine besondere Nachfolge rufen will. – Mutter Gottes, du Königin der Apostel, bitte für sie.

A Mutter Gottes, du Königin der Apostel, bitte für sie.

V Lasset uns beten für die Sterbenden. – Mutter Gottes, du Mutter der Sterbenden, bitte für sie.

A Mutter Gottes, du Mutter der Sterbenden, bitte für sie.

V Lasset uns beten für die Armen Seelen. – Mutter Gottes, du Trösterin der Armen Seelen, bitte für sie.

A Mutter Gottes, du Trösterin der Armen Seelen, bitte für sie.

V Auch wir haben viele Anliegen auf dem Herzen; o Mutter, hilf auch uns, wie du Tausenden schon geholfen.
In unseren Sorgen um Familie und Beruf –

A o Maria, hilf.

V In unseren leiblichen Nöten
In Krankheit und Schmerzen
In unseren wirtschaftlichen Sorgen
In Trostlosigkeit und Verlassenheit
In den Stunden der Verzagtheit und Verzweiflung
In Verfolgung und Bedrängnis
In Versuchung und Anfechtung
In unserem Kampf gegen die Macht des Bösen
In unserer Todesstunde

V Lasset uns beten. – Allmächtiger, ewiger Gott, du hast uns in der seligen Jungfrau Maria eine immerwährende Hilfe gegeben. Gib, daß wir, gestützt auf ihre mütterliche Hilfe, den guten Kampf kämpfen, den Glauben bewahren und so die Krone der Herrlichkeit empfangen dürfen. Darum bitten wir durch Christus, unseren Herrn. A Amen.
(DT Ba. 809)

Lauretanische Litanei

Herr, erbarme Dich.
Christus, erbarme Dich.
Herr, erbarme Dich.
Christus, höre uns.
Christus, erhöre uns.
Gott Vater vom Himmel, erbarme Dich unser.
Gott Sohn, Erlöser der Welt,
Gott Heiliger Geist,
Heiliger dreifaltiger Gott,
Heilige Maria, bitte für uns.
Heilige Mutter Gottes,
Heilige Jungfrau,
Mutter Christi,
Mutter der göttlichen Gnade,
Mutter, du Reine,
Mutter, du Keusche,
Mutter ohne Makel,
Mutter, du Vielgeliebte,
Mutter, so wunderbar,
Mutter des guten Rates,
Mutter der schönen Liebe,
Mutter des Schöpfers,
Mutter des Erlösers,
Du kluge Jungfrau,
Jungfrau, von den Völkern gepriesen,
Jungfrau, mächtig zu helfen,

Jungfrau voller Güte,
Jungfrau, du Magd des Herrn,
Du Spiegel der Gerechtigkeit,
Du Sitz der Weisheit,
Du Ursache unserer Freude,
Du Kelch des Geistes,
Du kostbarer Kelch,
Du geheimnisvolle Rose,
Du starker Turm Davids,
Du elfenbeinerner Turm,
Du goldenes Haus,
Du Bundeslade Gottes,
Du Pforte des Himmels,
Du Morgenstern,
Du Heil der Kranken,
Du Zuflucht der Sünder,
Du Trost der Betrübten,
Du Hilfe der Christen,
Du Königin der Engel,
Du Königin der Patriarchen,
Du Königin der Propheten,
Du Königin der Apostel,
Du Königin der Märtyrer,
Du Königin der Bekenner,
Du Königin der Jungfrauen,
Du Königin aller Heiligen,
Du Königin, ohne Erbschuld empfangen,
Du Königin, aufgenommen in den Himmel,
Du Königin vom heiligen Rosenkranz,
Du Königin des Friedens,
Lamm Gottes, Du nimmst hinweg die Sünde der Welt;
Herr, verschone uns.
Lamm Gottes, Du nimmst hinweg die Sünde der Welt;
Herr, erhöre uns.
Lamm Gottes, Du nimmst hinweg die Sünde der Welt;
Herr, erbarme Dich.
Lasset uns beten. Gütiger Gott, Du hast allen Menschen

Maria zur Mutter gegeben; höre auf ihre Fürsprache; nimm von uns die Traurigkeit dieser Zeit, dereinst aber gib uns die ewige Freude. Durch Christus, unsern Herrn. – Amen. (GL 769)

Litanei von der schmerzensreichen Mutter

V/A Herr, erbarme dich.
V/A Christus, erbarme dich.
V/A Herr, erbarme dich.

V Christus, höre uns.
A Christus, erhöre uns.

V Heilige Maria,
A bitte für uns.

Du schmerzensreiche Mutter
Du Mutter des Gekreuzigten
Du Königin der Märtyrer
Du Mutter der Bedrängten
Du Trösterin der Betrübten
Du Hilfe aller, die in Not sind
Du Schutz der Verlassenen
Du Stütze der Witwen und Waisen
Du Stärke der Verzagten
Du Zuflucht der Sünder
Du Heil der Kranken
Du Hoffnung der Sterbenden
Du Mutter der Barmherzigkeit

Du warst arm im Stall von Betlehem
Du hörtest die Worte des Simeon
Du warst auf der Flucht vor Herodes
Du suchtest Jesus in Jerusalem
Du erlebtest die Verurteilung Jesu
Du standest an seinem Kreuzweg
Du standest unter dem Kreuze
Du warst zugegen beim Sterben deines Sohnes

Dein toter Sohn lag auf deinem Schoße
Du hast deinen Sohn zum Grab geleitet
Du Mutter der Schmerzen

In Angst und Schrecken
In Krankheit und Schmerzen
In Kummer und Bedrängnis
In Verfolgung und Unterdrückung
In Gefahr und Versuchung
In Kleinmut und Ungeduld
In aller Einsamkeit
In der Stunde des Todes
Am Tag des Gerichtes
Du Mutter des Erlösers

V Lamm Gottes,
du nimmst hinweg die Sünde der Welt;
A Herr, verschone uns.
V Lamm Gottes,
du nimmst hinweg die Sünde der Welt;
A Herr, erhöre uns.
V Lamm Gottes,
du nimmst hinweg die Sünde der Welt;
A Herr, erbarme dich.

V Lasset uns beten. – Ewiger Gott, du hast Maria die Kraft gegeben, das Leid ihres Sohnes mitzutragen. Stärke alle, die um ihres Glaubens willen benachteiligt und verfolgt werden, und stehe auch uns bei, daß wir im Bekenntnis zu dir nicht wanken. Darum bitten wir durch Christus, unseren Herrn.
A Amen.

Maria – Schwester der Menschen

V Königin des Himmels, du bist von Gott so hoch erhoben wie kein anderer Mensch, außer deinem Sohn Jesus. In den Himmel aufgenommen, bist du doch Schwester der Menschen geblieben. Du weißt, was wir brauchen, und bittest Christus um alles, was uns nottut. In jeder Not können wir voll Vertrauen zu dir kommen, unserer Fürsprecherin, Helferin und Mittlerin. Darum rufen wir zu dir: Du Auserwählte Gottes,

A bitte für uns.

V Du von den Menschen Verehrte
Du Schwester aller, die an Christus glauben
Du Schwester aller, die auf Christus bauen
Du Schwester aller, die sein Wort bewahren
Du Schwester aller, die ihn verlieren
Du Schwester aller, die ihn suchen
Du Schwester aller, die ihn nicht mehr verstehen
Du Schwester aller, die ihm dennoch folgen
Du Schwester aller, die ihn bitten
Du Schwester aller, die tun, was er ihnen sagt
Du Schwester aller, die dem unbegreiflichen Gott dienen
Du Schwester aller, die unter dem Kreuz aushalten
Du Schwester aller, die sich dem Willen des Vaters öffnen
Du Schwester aller, die wider alle Hoffnung hoffen
Du Schwester aller, die mit Christus sterben
Du Schwester aller, die mit Christus auferstehn

V Heilige Maria, Mutter Gottes,

A bitte für uns Sünder, jetzt und in der Stunde unseres Todes. Amen.
(GL 783)

Gebet zu Maria, der Schutzfrau Bayerns

V Heilige Maria, Mutter Gottes, vom Heiligen Geist bewegt, hat einst Elisabet dich selig gepriesen als die Gesegnete unter den Frauen, weil dein Glaube dem Herrn die Tür in diese Welt aufgetan hat. Wie du es unter dem Anhauch des gleichen Geistes vorhergesagt hast, preisen dich seither selig alle Geschlechter. Voll Freude treten wir in dieser Stunde ein in den Lobpreis, den der Geist deines Sohnes, unseres Herrn Jesus Christus, in allen Generationen erweckt hat.

A Unsere Vorfahren haben dich als ihre Schutzherrin erwählt, / als die Herzogin ihres Landes, / deren mütterliche Güte über aller menschlichen Herrschaft / als Zeichen der neuen, befreienden Herrschaft Jesu Christi steht.

V Die Wege unseres Landes kommen von dir und gehen durch dich zu ihm, der der Weg selber ist. So bitten wir dich in dieser Stunde:

A Sei du die Patronin unseres Landes, / unseres Bistums auch in dieser Zeit. / In dem Streit der Parteien sei du Versöhnung und Friede; / in den Weglosigkeiten unserer offenen Fragen zeige uns den Weg; / die Streitenden versöhne, die Müden erwecke; / gib den Mißtrauischen ein offenes Herz, / den Verbitterten Trost, / den Selbstsicheren Demut, /den Ängstlichen Zuversicht, / den Vorwärtsdrängenden Besonnenheit, / den Zaudernden Mut, / uns allen aber die tröstende Zuversicht deines Glaubens.

V Stärke die Leidenden und die Kranken; erleuchte die Regierenden und führe uns zueinander im Frieden des Herrn.

A Schenke uns, zu glauben, wie du geglaubt hast. / Mutter Gottes, Patronin Bayerns, / bitte für uns / jetzt und in der Stunde unseres Todes. Amen.

(von Kardinal Ratzinger, gesprochen an der Mariensäule in München nach seiner Bischofsweihe 1977)

Gebet zu Maria, der Mutter der Glaubenden

V In den heiligen Schriften begegnen uns immer wieder Zeugen des Glaubens. Auf das Wort des Herrn hin ließen sie ihre eigenen Pläne fallen wie Mose, verließen Haus, Heimat und Vaterland wie Abraham, stellten sich seiner Botschaft zur Verfügung wie die Propheten.

Auch Maria glaubte dem Wort Gottes. Sie ließ Gottes Unbegreiflichkeit an sich geschehen und folgte dem Weg ihres Sohnes bis zum Kreuz. Maria ist unter den Glaubenszeugen die größte. Wir nennen sie Mutter der Glaubenden. –

Heilige Maria, Mutter Gottes, mit Elisabet rufen wir dir zu: Selig bist du, weil du geglaubt hast.

A Selig bist du, weil du geglaubt hast.

V Als der Engel dir die Botschaft brachte, hast du mit bereitem Herzen geantwortet: Ich bin die Magd des Herrn; mir geschehe nach deinem Wort.

A Selig bist du, weil du geglaubt hast.

V Als die Hirten von der Krippe geschieden waren, hast du alles bedacht, was sie von der Botschaft der Engel erzählten, und es in deinem Herzen bewahrt.

A Selig bist du, weil du geglaubt hast.

V In gläubigem Gehorsam hast du die Mühsal der Flucht nach Ägypten auf dich genommen.

A Selig bist du, weil du geglaubt hast.

V Die Jünger haben den Herrn in der Nacht des Leidens verlassen. Allein Johannes stand mit dir und den Frauen unter dem Kreuz.

A Selig bist du, weil du geglaubt hast.

V Nach der Auferstehung und Himmelfahrt des Herrn hast du mit den Aposteln im Gebet verharrt, bis der Geist Gottes der Kirche geschenkt wurde.

A Selig bist du, weil du geglaubt hast.

V Gott, unser Vater, wir danken dir für alle Menschen, die durch das Zeugnis ihres Glaubens unseren Glauben begründet haben und stärken. Wir danken dir vor allem für Maria, die Mutter aller Glaubenden. Wir bitten dich: auf ihre Fürsprache festige und erhalte in uns den Glauben an deine Weisheit und Güte durch Jesus Christus im Heiligen Geist.

A Amen.

Der heilige Dominikus wird mit dem Rosenkranz beschenkt
(Hauptportal der Rosenkranzbasilika)

Fatima-Bittgebet

O mein Jesus,
verzeihe uns unsere Sünden,
bewahre uns vor dem Feuer der Hölle,
nimm alle Seelen in den Himmel auf,
besonders jene,
die deiner Barmherzigkeit am meisten bedürfen.

Altöttinger Pilgerlied

O Maria, hilf!
O Maria, hilf!
O Maria, hilf doch mir!
Ein armer Sünder kommt zu dir.
Im Leben und im Sterben!
Laß uns nicht verderben!
Laß uns in keiner Todsünd' sterben!
Steh uns bei im letzten Streit,
O Mutter der Barmherzigkeit!

Das Rosenkranzgebet

Eröffnung

Im Namen des Vaters . . . Ich glaube an Gott . . .
Ehre sei dem Vater . . . Vater unser . . . Gegrüßet seist du, Maria . . .
Jesus, der in uns den Glauben vermehre
Jesus, der in uns die Hoffnung stärke
Jesus, der in uns die Liebe entzünde
Ehre sei dem Vater . . .

Die freudenreichen Geheimnisse

Jesus, den du, o Jungfrau, vom Heiligen Geist empfangen hast
Jesus, den du, o Jungfrau, zu Elisabet getragen hast
Jesus, den du, o Jungfrau, geboren hast
Jesus, den du, o Jungfrau, im Tempel aufgeopfert hast
Jesus, den du, o Jungfrau, im Tempel wiedergefunden hast

Die schmerzhaften Geheimnisse

Jesus, der für uns Blut geschwitzt hat
Jesus, der für uns gegeißelt worden ist
Jesus, der für uns mit Dornen gekrönt worden ist
Jesus, der für uns das schwere Kreuz getragen hat
Jesus, der für uns gekreuzigt worden ist

Die glorreichen Geheimnisse

Jesus, der von den Toten auferstanden ist
Jesus, der in den Himmel aufgefahren ist
Jesus, der uns den Heiligen Geist gesandt hat
Jesus, der dich, o Jungfrau, in den Himmel aufgenommen hat
Jesus, der dich, o Jungfrau, im Himmel gekrönt hat

Die trostreichen Geheimnisse

Jesus, der als König herrscht
Jesus, der in seiner Kirche lebt und wirkt
Jesus, der wiederkommen wird in Herrlichkeit
Jesus, der richten wird die Lebenden und die Toten
Jesus, der alles vollenden wird

Die seligmachenden Geheimnisse

Jesus, der mitten unter uns lebt
Jesus, der alle Menschen liebt
Jesus, der die Verlorenen sucht
Jesus, der die Verirrten heimholt
Jesus, der uns zur himmlischen Hochzeit lädt.

Gebete in besonderen Anliegen

Das Friedensgebet des Papstes Paul VI.

Herr, Gott des Friedens,
Du hast die Menschen geschaffen.
Sie sind das Werk deiner Güte,
bestimmt zur Teilnahme an deiner Herrlichkeit.
Wir preisen dich und sagen dir Dank!
Du hast uns Jesus gesandt, deinen vielgeliebten Sohn.
Im Geheimnis des Osterfestes hast du ihn bestellt
zum Urheber des Heiles, zur Quelle allen Friedens,
zum Band, das alle in Brüderlichkeit verbindet.

Wir sagen dir auch Dank
für alle Sehnsucht, alles Bemühen, alles Tun,
das dein Geist des Friedens in unserer Zeit weckt,
um den Haß durch die Liebe zu überwinden,
das Mißtrauen durch das Verstehen,
die Gleichgültigkeit durch die brüderliche Verbundenheit.
Öffne noch mehr unseren Geist und unser Herz
für alle unsere Brüder, die jetzt die Liebe brauchen,
auf daß wir immer mehr zum Werkzeug des Friedens werden.
Gedenke, Vater der Barmherzigkeit,
in einer Welt wachsender Brüderlichkeit all derer,
die in Not sind, die leiden und sterben,
damit zu allen Menschen aller Rassen und Sprachen
dein Reich der Gerechtigkeit,
des Friedens und der Liebe komme!
Auf daß die Erde erfüllt sei von deiner Herrlichkeit!
Amen.

Gebet eines Kranken

Herr, wenn du willst, kannst du mich gesund machen. So rufe ich in meiner Krankheit zu dir. Du hast die Kranken geheilt, du hast unsere Krankheiten auf dich genommen und unsere Schmerzen getragen. Durch deine Wunden sind wir geheilt. Ich bitte dich, laß mich gesund werden, und wenn nicht, gib mir die Kraft, mein Kreuz mit dir zu tragen.
(GL 10)

Gebet für einen Kranken in der Familie

Herr Jesus Christus,
auch im Leid bist du uns nahe,
wir denken an dein Leiden und Sterben am Kreuz.
Wir bitten dich, Herr,
schenke unserem (unserer) N. die Gesundheit wieder und
gib ihm (ihr) die Kraft,

seine (ihre) Krankheit in Geduld zu tragen.
Schenke deine Liebe allen hilflosen Menschen, den unheilbar Kranken und denen, die ohne Hoffnung sind.

In Mutlosigkeit

Vater, es fällt mit schwer zu sagen:
dein Wille geschehe.
Ich bin niedergeschlagen
und habe keinen Mut mehr.
Die Schmerzen zermürben mich.
Alles, was mein Leben ausgemacht hat,
scheint mir weit weg:
die Menschen, die zu mir gehören,
meine Arbeit, meine Freuden,
mein ganzes alltägliches Tun.
Aber wenn ich auch mutlos bin, Herr,
ich will versuchen, ja zu sagen
zu meinen Schmerzen,
zu meiner Schwäche,
zu meiner Hilflosigkeit.
Ich will alles tragen, so gut es geht.
Laß mein Leiden nicht umsonst sein.
Vielleicht nützt es denen,
die nichts von dir wissen oder wissen wollen,
oder denen, die für dich arbeiten,
leiden und kämpfen.
Dein Wille geschehe!
Dein Sohn hat am Kreuz gezeigt,
daß Leiden nicht umsonst ist.
Segne mich, Vater,
segne alle Menschen,
die mir Gutes tun und mir helfen.
Segne alle,
die wie ich leiden müssen.
Und wenn du willst, laß mich wieder froh werden –
mich und die anderen mutlosen Brüder und Schwestern.

In Leid und Not

Herr, Gott, großes Elend ist über mich gekommen. Meine Sorgen wollen mich erdrücken. Ich weiß nicht ein noch aus. Gott, sei mir gnädig und hilf! Gib Kraft zu tragen, was du mir schickst. Laß die Furcht nicht über mich herrschen; sorge du väterlich für die Menschen.
Barmherziger Gott, vergib mir alles, was ich an dir und den Menschen gesündigt habe. Ich traue deiner Gnade und gebe mein Leben ganz in deine Hand. Mach du mit mir, wie es dir gefällt und wie es gut für mich ist. Ob ich lebe oder sterbe, ich bin bei dir, und du bist bei mir, mein Gott. Herr, ich warte auf dein Heil und auf dein Reich.
(GL 9)

Ehegatten beten füreinander

Vater, ich danke dir, daß du uns füreinander geschaffen hast, daß wir uns begegnet sind und einander lieben. Laß die Liebe in uns wachsen, damit wir uns immer besser verstehen und uns gegenseitig glücklich machen. Alle wahre Liebe stammt von dir und führt zu dir. Du hast unserm Leben durch diese Liebe einen neuen Inhalt und ein neues Ziel gegeben. Zeig uns den richtigen Weg zu diesem Ziel und hilf uns ihn gehen.
(GL 24)

Kinder beten für ihre Eltern

Guter Gott, du hast mir Vater und Mutter gegeben.
Sie sorgen für mich. Sie helfen mir.
Ich bitte dich: Halte sie gesund. Schenk ihnen Freude und Kraft. Steh ihnen zur Seite, wenn sie Sorgen haben. Gib, daß wir uns gut verstehen.
Halte deine schützende Hand über uns und laß uns alle zusammen zu dir finden.

Eltern beten für ihre Kinder

Vater im Himmel, du hast uns unsere Kinder anvertraut. Wir freuen uns, daß wir sie haben. Wir freuen uns über alle guten Anlagen, die wir an ihnen entdecken.
Wir freuen uns, wenn sie gesund sind und heranwachsen. Wir freuen uns, wenn wir miterleben dürfen, wie sie sich entfalten.
Herr, wir danken dir für unsere Kinder. Wir wollen ihnen helfen, so zu werden, wie du sie haben willst. Wir wollen Geduld haben, wenn sie uns Sorgen machen. Darum bitten wir dich, Herr, segne unsre Kinder. Laß sie von Tag zu Tag mehr lernen, ihr Leben selbst in die Hand zu nehmen.
Gib ihnen einen Glauben, der ihr Denken und Tun durchdringt. Führe sie einmal zu dem Beruf, der ihnen Freude macht. Schenke ihnen Freunde, die sie verstehen und ihnen helfen. Und wenn sie auf die falschen Wege geraten, dann führe sie wieder zurück. Bleib in unserer Familie; wir alle brauchen dich.
(GL 25)

Gebet um geistliche Berufe

Jesus, göttlicher Hirt, du hast die Apostel berufen und zu Menschenfischern gemacht. Rufe auch heute junge Menschen in deine Nachfolge und in deinen Dienst. Du lebst ja, um immer für uns da zu sein. Dein Opfer wird auf unseren Altären Gegenwart, weil alle Menschen an der Erlösung teilhaben sollen.
Laß alle, die du berufen hast, diesen deinen Willen erkennen und sich zu eigen machen. Öffne ihnen den Blick für die ganze Welt, für die stumme Bitte so vieler um das Licht der Wahrheit und die Wärme echter Liebe. Laß sie, getreu ihrer Berufung, am Aufbau deines geheimnisvollen Leibes mitarbeiten und so deine Sendung fortsetzen.
Mach sie zum Salz der Erde und zum Licht der Welt.
Gib, Herr, daß auch viele Frauen und Mädchen ebenso

entschlossen dem Ruf deiner Liebe folgen. Wecke in ihren Herzen das Verlangen, vollkommen nach dem Geist des Evangeliums zu leben und sich selbstlos hinzugeben im Dienst an der Kirche. Laß sie bereit sein für alle Menschen, die ihrer helfenden Hand und ihrer barmherzigen Liebe bedürfen. Amen.

(Papst Paul VI.)

Gebete des Vertrauens

Psalm 23

Der Herr ist mein Hirte, nichts wird mir fehlen.
Er läßt mich lagern auf grünen Auen und führt mich zum Ruheplatz am Wasser.
Er stillt mein Verlangen; er leitet mich auf rechten Pfaden, treu seinem Namen.
Muß ich auch wandern in finsterer Schlucht, ich fürchte kein Unheil; denn du bist bei mir, dein Stock und dein Stab geben mir Zuversicht. Du deckst mir den Tisch vor den Augen meiner Feinde.
Du salbst mein Haupt mit Öl, du füllst mir reichlich den Becher.
Lauter Güte und Huld werden mir folgen mein Leben lang, und im Haus des Herrn darf ich wohnen für lange Zeit.
(GL 718)

Ich weiß nicht ein noch aus.
Gott, sei mir gnädig und hilf!
Gib Kraft zu tragen, was du mir schickst.
Laß die Furcht nicht über mich herrschen;
sorge du väterlich für die Meinen.
Ob ich lebe oder sterbe, ich bin bei dir,
und du bist bei mir, mein Gott.
Herr, ich warte auf dein Heil
und auf dein Reich.

(Dietrich Bonhoeffer)

Wie leicht ist es für mich,
mit dir zu leben, Herr!
An dich zu glauben,
wie leicht ist das für mich!
Wenn ich zweifelnd nicht mehr weiter weiß
und meine Vernunft aufgibt,
wenn die klügsten Leute nicht weitersehen
als bis zum heutigen Abend
und nicht wissen,
was man morgen tun muß –
dann sendest du mir eine unumstößliche Gewißheit,
daß du da bist und dafür sorgen wirst,
daß nicht alle Wege zum Guten
gesperrt werden.

(Alexander Solschenizyn)

Vater im Himmel,
ich bete weder um Gesundheit noch um Krankheit,
weder um Leben noch um Tod,
sondern darum,
daß du über meine Gesundheit und meine Krankheit,
über mein Leben und meinen Tod verfügst
zu deiner Ehre und meinem Heil.
Du allein weißt,
was mir dienlich ist.
Du allein bist der Herr,
tue, was du willst.
Gib mir,
nimm mir,
aber mache meinen Willen dem deinen gleich.

(Blaise Pascal)

Herr, gib allen,
die dich suchen,
daß sie dich finden.
Und allen,

die dich gefunden haben,
daß sie dich aufs neue suchen,
bis all unser Suchen und Finden
erfüllt ist in deiner Gegenwart.

(Hermann Bezzel)

Herr,
wie du willst, soll mir gescheh'n,
und wie du willst, so will ich geh'n;
hilf deinen Willen nur versteh'n.
Herr,
wann du willst, dann ist es Zeit;
und wann du willst, bin ich bereit
heut und in alle Ewigkeit.
Herr,
was du willst, das nehm' ich hin,
und was du willst, ist mir Gewinn;
genug, daß ich dein Eigen bin.
Herr,
weil du's willst, drum ist es gut;
und weil du's willst, drum hab ich Mut.
Mein Herz in deinen Händen ruht.

(Pater Rupert Mayer SJ)

Mein Herr und mein Gott,
nimm alles von mir,
was mich hindert zu dir.
Mein Herr und mein Gott,
gib alles mir,
was mich fördert zu dir.
Mein Herr und mein Gott,
nimm mich mir
und gib mich ganz zu eigen dir.

(Nikolaus von Flüe)

Gott,
schenke uns Gelassenheit,
das hinzunehmen,
was wir nicht ändern können.
Gott,
schenke uns den Mut,
das zu ändern,
was wir ändern können.
Gott,
schenke uns die Weisheit
das eine vom andern zu unterscheiden.

(Altes englisches Pilgergebet)

Der Kreuzweg

Lied: »Mir nach«, spricht Christus, unser Held
(Seite 174)

Einleitungsgebet

V Unser Vater!
Wir haben uns versammelt, um den Kreuzweg deines Sohnes zu betrachten. Gemeinsam wollen wir auf deinen Sohn schauen, der schweigend diesen Weg des Leidens ging, als er durch sein Wort die Menschen nicht mehr erreichen konnte. Öffne unsere Augen für sein Leiden und Sterben.
Hilf uns glauben, daß hier die Not der Welt überwunden wird. Gib uns das Vertrauen in die Macht seiner Liebe. Gib uns den Mut zum eigenen Weg, zum Glauben und zur Liebe. Laß uns vollenden, was dein Sohn begonnen hat.
Darum bitten wir durch Christus, unsern Herrn.

A Amen.

ERSTE STATION

Jesus wird zum Tod verurteilt

V Wir beten dich an, Herr Jesus Christus, und preisen dich.

A Denn durch dein heiliges Kreuz hast du die Welt erlöst.

V Der Richter der Welt steht vor dem Gericht der Menschen. Jesus weiß, was ihm bevorsteht. Er sieht die Grausamkeit des Kommenden. Die Menge verlangt seinen Tod. Aus Menschenfurcht fällt Pilatus das ungerechte Urteil. Jesus aber steht da und schweigt. Er nimmt das Urteil an.

Herr, du bist ungerecht verurteilt worden. Obwohl du schuldlos warst, wurdest du beschuldigt. Laß uns niemals vergessen, wie schnell wir bereit sind, einen anderen zu verurteilen. Laß uns gerecht sein und bewahre uns vor lieblosen Vorurteilen.

Herr, erbarme dich.

A Erbarme dich unser, erbarme dich unserer Zeit.

Text: GL 185 M: Mainzer Gesangbuch 1874

ZWEITE STATION

Jesus nimmt das Kreuz auf seine Schultern

V Wir beten dich an, Herr Jesus Christus, und preisen dich.

A Denn durch dein heiliges Kreuz hast du die Welt erlöst.

V Freiwillig nimmt der Herr das Kreuz auf sich: Er will den Kelch trinken, den der Vater ihm reicht. Sein Leiden steht ihm klar vor Augen. So ist es der Wille Gottes. –
Herr, es fällt uns niemals leicht, ein Kreuz zu tragen und Schweres auf uns zu nehmen. Oft haben wir Angst und wollen dem Kreuz ausweichen. Hilf uns, im Vertrauen auf deine Führung unser Kreuz zu bejahen und schenke uns die Bereitschaft, mit dir unseren Weg zu gehen.
Herr, erbarme dich.

A Erbarme dich unser, erbarme dich unserer Zeit.

Lied:

2. Du hast das Kreuz auf dich genommen, / die schwere Schuld der ganzen Welt; / wenn Not und Ängste auf uns kommen, / sei es dein Kreuz, Herr, das uns hält.

DRITTE STATION

Jesus fällt zum ersten Mal unter dem Kreuz

V Wir beten dich an, Herr Jesus Christus, und preisen dich.

A Denn durch dein heiliges Kreuz hast du die Welt erlöst.

V Die Last ist schwer und Jesus ist müde und ermattet; er leidet große Schmerzen. Jesus fällt zu Boden. Die Soldaten aber zerren ihn hoch und drängen ihn weiter. –
Herr, du bist unter der Last deines Kreuzes zusammengebrochen. Aber du durftest nicht ausruhen; du mußtest aufstehen und das Kreuz weiterschleppen. Laß uns in den Enttäuschungen des Lebens nie liegenbleiben! Gib

uns die Kraft, auf dich zu schauen und dir zu folgen.
Herr, erbarme dich.
A Erbarme dich unser, erbarme dich unserer Zeit.

Lied:

3. O Herr, du wankst und sinkst zur Erde, / die Last der Sünden wirft dich hin; / gib, daß dein Fall mir Stärkung werde, / sooft ich schwach und elend bin.

VIERTE STATION

Jesus begegnet seiner Mutter

V Wir beten dich an, Herr Jesus Christus, und preisen dich.
A Denn durch dein heiliges Kreuz hast du die Welt erlöst.
V Die Mutter Jesu steht am Weg. Sie folgt ihm auf seinem Kreuzweg. Sie geht in der Menge, namenlos. Sie kennt die Not ihres Sohnes, sie leidet seine Leiden. –
Herr, deine Mutter Maria soll uns ein Vorbild sein: Sie hat dich in der größten Not nicht allein gelassen und hat deine Nähe gesucht; sie war bei dir. So laß uns immer für die Schmerzen und Nöte der Mitmenschen offen und hellhörig bleiben. Mache uns zu Werkzeugen deiner Liebe und deines Trostes.
Herr, erbarme dich.
A Erbarme dich unser, erbarme dich unserer Zeit.

Lied:

4. O Mutter, die den Sohn gesehen / am Weg der Schmach und bittern Pein, / erfleh uns Kraft, mit ihm zu gehen / und seinem Kreuze nah zu sein.

FÜNFTE STATION

Simon von Cyrene hilft Jesus das Kreuz tragen

V Wir beten dich an, Herr Jesus Christus, und preisen dich.

A Denn durch dein heiliges Kreuz hast du die Welt erlöst.

V Auf dem Weg zur Hinrichtung ergreifen die Soldaten einen vorbeigehenden Mann, Simon von Cyrene. Sie laden ihm das Kreuz auf; er muß es Jesus nachtragen. Der Herr nimmt diese Hilfe an. –
Herr, du hast dir damals von einem anderen helfen lassen, du wolltest auf ihn angewiesen sein. Auch heute brauchst du Menschen, die dir beistehen. Du suchst Hände, die deine Liebe verschenken und Stimmen, die deine Botschaft verkünden. Laß uns bereit sein für diesen Dienst und berufe viele junge Männer und Frauen zum Priestertum und Ordensleben.
Herr, erbarme dich.

A Erbarme dich unser, erbarme dich unserer Zeit.

Lied:

5. Es half dir einer, den sie zwangen, / und beugt sich unters Holz der Schmach; / gib, daß wir unser Kreuz umfangen / und dir in Liebe folgen nach.

SECHSTE STATION

Veronika reicht Jesus das Schweißtuch

V Wir beten dich an, Herr Jesus Christus, und preisen dich.

A Denn durch dein heiliges Kreuz hast du die Welt erlöst.

V Veronika sieht Jesu Leid. Sie fragt nicht, was die Menschen denken und sagen. Mutig drängt sie sich durch die Menge und reicht dem Herrn ein Tuch. Jesus trocknet Blut und Schweiß damit und belohnt diese Frau mit dem Abbild seines Gesichtes. –
Herr, Veronika hat dir nur einen kleinen Dienst erwiesen und doch wurde sie so reich beschenkt. Du hast dich ihr zugeneigt. Gib uns die Gnade, daß wir in allen

Lebenslagen dein Bild in uns tragen und wende dein Antlitz niemals von uns ab.
Herr, erbarme dich.

A Erbarme dich unser, erbarme dich unserer Zeit.

Lied:

6. Herr, präge uns dein Angesichte / für immer tief ins Herz hinein, / und wenn es aufstrahlt im Gerichte, / so laß es uns zum Heile sein.

SIEBENTE STATION

Jesus fällt zum zweiten Mal unter dem Kreuz

V Wir beten dich an, Herr Jesus Christus, und preisen dich.

A Denn durch dein heiliges Kreuz hast du die Welt erlöst.

V Das Kreuz lastet schwer auf den Schultern des Herrn. Er kann nicht mehr. Noch einmal drückt es ihn zu Boden. –
Herr, du bist nicht nur einmal gefallen auf diesem Weg. Die Last deines Kreuzes ist die Last unserer wiederkehrenden Schuld. Wir sind zu schwach in der Versuchung und zu gleichgültig gegenüber deiner Liebe. Laß uns nie im Dunkel der Sünde bleiben, sondern schenke uns immer wieder das Licht deiner Vergebung und den Mut des Neubeginns.
Herr, erbarme dich.

A Erbarme dich unser, erbarme dich unserer Zeit.

Lied:

7. Die Kraft verläßt dich, du fällst nieder, / zum zweiten Mal; das Kreuz ist schwer. / Ich falle und ich falle wieder; / in meiner Schwachheit hilf mir, Herr.

ACHTE STATION

Jesus begegnet den weinenden Frauen

V Wir beten dich an, Herr Jesus Christus, und preisen dich.

A Denn durch dein heiliges Kreuz hast du die Welt erlöst.

V Am Wege stehen Frauen. Sie weinen und klagen über den Schmerzensmann. Jesus aber sagt zu ihnen: Weint nicht über mich, weint über euch und euere Kinder! – Herr, die Frauen sahen deine Wunden und hatten Mitleid mit dir – du aber blicktest in ihr Herz und erkanntest ihre Schuld und ihre seelische Not. Laß uns spüren, daß es Schlimmeres gibt als äußeres Leid. Laß uns erkennen, daß die Sünde die eigentliche Ursache des menschlichen Elends ist. Herr, schenke uns die Kraft zur Umkehr.
Herr, erbarme dich.

A Erbarme dich unser, erbarme dich unserer Zeit.

Lied:

8. Du redest mahnend mit den Frauen: / »Weint über euch, nicht über mich.« / Wenn wir dich einst als Richter schauen, / Herr Jesus, dann erbarme dich.

NEUNTE STATION

Jesus fällt zum dritten Mal unter dem Kreuz

V Wir beten dich an, Herr Jesus Christus, und preisen dich.

A Denn durch dein heiliges Kreuz hast du die Welt erlöst.

V Der Herr ist zu Tode erschöpft und bricht zum dritten Mal unter der Last zusammen. Doch er will das Werk vollenden, das der Vater ihm aufgetragen hat. So rafft er sich von neuem auf. –
Herr, dein Leid wurde immer härter, die Schmerzen immer quälender. So bitten wir dich besonders für die Kranken unter uns, deren Lebensweg ein Kreuzweg ist.

Immer wieder werden sie von neuem geprüft und vor neue Fragen gestellt. Gib, o Herr, daß sie ihre Hoffnung bewahren und den Glauben an deine Liebe nicht verlieren.
Herr, erbarme dich.

A Erbarme dich unser, erbarme dich unserer Zeit.

Lied:

9. Da liegst du, wie vom Kreuz erschlagen, / erschlagen von der Schuld der Welt. Hilf mir, im Abgrund nicht verzagen / und hoffen, daß dein Kreuz mich hält.

ZEHNTE STATION

Jesus wird seiner Kleider beraubt

V Wir beten dich an, Herr Jesus Christus, und preisen dich.

A Denn durch dein heiliges Kreuz hast du die Welt erlöst.

V Alles haben sie dem Herrn genommen: Seine Freiheit, seine Freunde, seine Wirksamkeit. Jetzt reißen sie ihm auch noch die Kleider vom Leib, so daß er nackt und würdelos vor der gaffenden Menge stehen muß. –
Herr, ewiges Wort, Sohn Gottes – du bist Mensch geworden und hast uns zu deinen Brüdern und Schwestern und zu Kindern deines Vaters gemacht. So hast du uns eine neue Würde geschenkt. Gib, daß wir in jedem Menschen deinen Bruder sehen und die Würde des anderen niemals verletzen. Schenke den Menschen Ehrfurcht voreinander.
Herr, erbarme dich.

A Erbarme dich unser, erbarme dich unserer Zeit.

Lied:

10. Herr, unsre Schuld hat dich verraten; / sie ist's, die dich in Schande stößt. / Bedecke uns mit deinen Gnaden, / da wir so schmählich dich entblößt.

ELFTE STATION

Jesus wird ans Kreuz genagelt

V Wir beten dich an, Herr Jesus Christus, und preisen dich.

A Denn durch dein heiliges Kreuz hast du die Welt erlöst.

V Die Hinrichtung ist grausam und schrecklich. Die Soldaten werfen Jesus zu Boden, durchbohren seine Hände und Füße und nageln ihn an die Kreuzesbalken. Dann richten sie das Kreuz auf. –
Herr, du bist uns vorangegangen. Auch für uns kommt einmal die Stunde, in der wir völlig wehrlos sind. Dann werden auch wir angenagelt sein und niemand wird uns aus der Todesnot befreien. Gib uns in dieser Stunde die Kraft, gemeinsam mit dir den Willen des Vaters zu erfüllen. Schenke uns dann einen festen Glauben an die erlösende Kraft deines Kreuzes.
Herr, erbarme dich.

A Erbarme dich unser, erbarme dich unserer Zeit.

Lied:

11. Du wirst, o Herr, ans Kreuz geschlagen, / wirst hingeopfert wie ein Lamm; / du hast die Schuld der Welt getragen / bis an des Kreuzes harten Stamm.

ZWÖLFTE STATION

Jesus stirbt am Kreuz

V Wir beten dich an, Herr Jesus Christus, und preisen dich.

A Denn durch dein heiliges Kreuz hast du die Welt erlöst.

V Jesus hängt angenagelt am Kreuz. Sein Wort ist erfüllt: »Wenn ich über die Erde erhöht bin, werde ich alle zu mir ziehen.« Um die neunte Stunde ruft er: »Es ist vollbracht! Vater, in deine Hände lege ich meinen Geist!« Jesus neigt sein Haupt und stirbt. –

Herr, bis zuletzt hast du den Willen des Vaters erfüllt. Du bist gehorsam gewesen bis zum Tod, ja bis zum Tod am Kreuz. Herr, wir haben zu wenig Worte, um dir zu danken. Wir können nur schweigend und ehrfürchtig zu deinem Kreuz aufblicken.

(Stille)

Jesus, deine Liebe ist ohne Grenzen: »Es gibt keine größere Liebe, als wenn einer sein Leben für seine Freunde hingibt.«
Herr, erbarme dich.
A Erbarme dich unser, erbarme dich unserer Zeit.

Lied:

12. Dein Kreuz, o Herr, will ich erheben / und benedeien deinen Tod. / Von diesem Holz kam uns das Leben / und kam uns Freude in der Not.

DREIZEHNTE STATION

Jesus wird vom Kreuz heruntergenommen

V Wir beten dich an, Herr Jesus Christus, und preisen dich.
A Denn durch dein heiliges Kreuz hast du die Welt erlöst.
V Der Herr hat ausgelitten. Sein Werk ist vollendet. Sein Leib wird vom Kreuz abgenommen und in den Schoß seiner Mutter Maria gelegt.
Herr, bitter ist die Frage: Warum leiden müssen? Warum sterben müssen?
Warum hergeben müssen, was so teuer ist? –
Herr, niemand auf Erden hat dich mehr geliebt als deine Mutter; dein Sterben war für sie ein furchtbarer Schmerz. Maria hat mit dir gelitten und dein Leid geteilt. Herr, segne alle Mütter dieser Erde und mache sie zu selbstlosen Vorbildern für ihre Kinder. Höre auf

die Fürsprache deiner heiligen Mutter Maria, die du auch uns zur Mutter geschenkt hast.
Herr, erbarme dich.

A Erbarme dich unser, erbarme dich unserer Zeit.

Lied:

13. O seht die Mutter voller Schmerzen, / wie sie den Sohn in Armen hält. / Sie fühlt das Schwert in ihrem Herzen, / trägt mit am Leid der ganzen Welt.

VIERZEHNTE STATION

Jesus wird ins Grab gelegt

V Wir beten dich an, Herr Jesus Christus, und preisen dich.

A Denn durch dein heiliges Kreuz hast du die Welt erlöst.

V Der Leichnam Jesu wird in das Felsengrab gelegt, das Josef von Arimathäa für sich hatte bauen lassen. Drei Tage lang sollte es für Jesus eine Ruhestätte sein. – Herr, unser Lebensweg ist ein Kreuzweg an deiner Seite. Einst werden wir sterben – wie du – und begraben werden. Laß uns mutig auf den Tod hin leben, nimm uns die Angst vor dem Grab und steh uns bei in der Stunde unseres Scheidens.
Herr erbarme dich.

A Erbarme dich unser, erbarme dich unserer Zeit.

Lied:

14. Er wird der Erde übergeben, / wie man den Weizen bettet ein; / doch wird er auferstehn und leben / und über alles herrlich sein.

FÜNFZEHNTE STATION

Jesus ist Sieger über den Tod

V Wir beten dich an, Herr Jesus Christus, und preisen dich.

A Denn durch dein heiliges Kreuz hast du die Welt erlöst.

V Nur kurze Zeit sind die Jünger von Jesus getrennt. Die tröstenden Worte Jesu gehen in Erfüllung: »Jetzt seid ihr traurig, aber ich werde euch wiedersehen; dann wird euer Herz sich freuen und eure Freude wird euch niemand nehmen.« (Joh 16, 16-22) Der Tod Jesu ist der Anfang neuen Lebens, seine Auferstehung ist für uns Erlösung. –

Die aufgehende Sonne spendet nach dunkler Nacht neues Licht – der auferstandene Heiland befreit aus der Nacht des Todes in das Licht des ewigen Lebens.

V Das ist der Tag, den der Herr gemacht.

A Laßt uns frohlocken und seiner uns freuen.

V Wir werden nicht sterben, wir leben.

A und verkünden die Werke des Herrn.

V Herr, erbarme dich.

A Erbarme dich unser, erbarme dich unserer Zeit.

Lied:

1. Preis dem Todesüberwinder, der da starb auf Golgatha: Dem Erlöser aller Sünder, preiset ihn: Alleluja! Laßt ein frohes Lied erklingen, laßt uns recht von Herzen singen: Alleluja! Jesus lebt, Jesus lebt, Jesus lebt, alleluja! Jesus lebt.
2. Uns vom Tode zu befreien, / sank er in des Grabes Nacht. / Unser Leben zu erneuern, / steht er auf durch Gottes Macht. / Tod, du bist im Sieg verschlungen, / und das Leben ist errungen. / Alleluja! Jesus lebt . . .
3. Uns zum Himmel zu erheben, / geht er zu dem Vater hin; laßt uns ihm zu Ehren leben, / dann ist Sterben uns

Die letzte Station des Kreuzwegs: Christus ist auferstanden

Gewinn. / Dort zu seines Vaters Rechten / ruft er zu sich die Gerechten. / Alleluja! Jesus lebt . . .
(DT Ba. 861)

Schlußgebet

V Ewiger Vater, du hast uns deine Liebe geoffenbart, als du deinen einziggeborenen Sohn in die Welt gesandt hast. Um uns zu erlösen, ist er gehorsam geworden bis zum Tod, ja bis zum Tod am Kreuz.

A Wir preisen das Kreuz des Herrn, / an dem das Heil der Welt gehangen hat.

V Du aber hast ihn auferweckt zu ewiger Herrlichkeit. Nachdem er so zur himmlischen Vollendung kam, ist er allen, die ihm gehorsam sind, der Urheber des ewigen Heils geworden.

A Laß uns im Blick auf ihn, unseren Bruder, / und im Gehorsam gegen dich, unseren Vater, / in allem deinen Willen tun.

V Unsere Zeit soll erkennen, daß du nicht nur ein Gott des Kreuzes, sondern vor allem ein Gott der Freude und der Hoffnung bist.

A Amen.

Lied:

Freu dich, du Himmelskönigin . . . Seite 183

Das Gebet in den Badehallen

Die heilige Bernadette Soubirous schreibt in einem Brief an P. Gondrand:

. . . Erst beim dritten Mal sprach die Dame zu mir und fragte mich, ob ich vierzehn Tage lang zu ihr kommen wolle. Ich sagte: Ja! Sie setzte hinzu, ich solle die Priester auffordern, dort eine Kapelle bauen zu lassen. Dann hieß sie mich aus der Quelle zu trinken. Da ich keine Quelle sah, ging ich zum Gave-Fluß. Aber sie gab mir zu verstehen, sie spreche nicht von dem Fluß, und zeigte mit dem Finger auf die Quelle. Als ich hinging, fand ich nur ein bißchen lehmiges Wasser. Ich hielt die Hand hin, konnte aber nichts fassen. Darum fing ich an zu scharren und konnte schließlich ein wenig schöpfen. Dreimal schüttete ich es weg. Doch beim vierten Mal konnte ich es trinken. Darauf entfernte sich die Erscheinung, und ich ging weg. Vierzehn Tage ging ich hin, und jeden Tag erschien die Dame außer an einem Montag und Freitag. Jedesmal trug sie mir auf, die Priester an den Bau der Kapelle zu mahnen. Jedesmal forderte sie mich auf, mich in der Quelle zu waschen und um die Bekehrung der Sünder zu bitten. Öfters fragte ich sie, wer sie sei, aber sie lächelte nur. Zuletzt sagte sie mir, die Arme und die Augen zum Himmel erhoben: »Ich bin die unbefleckt Empfangene!«

(aus dem Neuen Stundenbuch)

Lob- und Dankgebet

Ich danke dir, Herr. Du hast mir gezürnt, doch dein Zorn hat sich gewendet, * und du hast mich getröstet.
Ja, Gott ist meine Rettung; * ihm will ich vertrauen und niemals verzagen.
Denn meine Stärke und mein Lied ist der Herr. * Er ist für mich zum Retter geworden.
Ihr werdet Wasser schöpfen voll Freude * aus den Quellen des Heils.
An jenem Tag werdet ihr sagen: * Dankt dem Herrn! Ruft seinen Namen an!
Macht seine Taten unter den Völkern bekannt, * verkündet: Sein Name ist groß und erhaben!
Preist den Herrn, denn herrliche Taten hat er vollbracht; * auf der ganzen Erde soll man es wissen.
Jauchzt und jubelt, ihr Bewohner von Zion, * denn groß ist in eurer Mitte der Heilige Israels.
(Jes 12, 1-6)

Das Wasser der Quelle von Massabielle soll den Pilger auch auf die unverdiente Gnade der heiligen Taufe hinweisen. In den Gebeten bei der Weihe für das Taufwasser ist von der Symbolkraft des Wassers die Rede:

Allmächtiger, ewiger Gott . . .
Auf vielfache Weise hast du das Wasser dafür bereitet, auf die Taufe hinzuweisen.
Schon im Anfang der Schöpfung

schwebte dein Geist über den Wassern,
um ihnen heiligende Kraft zu geben.
In den Wassern der Sintflut
hast du unsere Taufe vorgebildet,
da sie den alten Menschen vernichtet,
um neues Leben zu wecken.
Die Söhne Abrahams hast du trockenen Fußes
durch das Rote Meer geführt.
Darin schenkst du uns ein Bild des österlichen Sakramentes,
das uns aus der Knechtschaft befreit
und hinführt in das Land der Verheißung.
Als aber die Fülle der Zeiten kam, wurde dein geliebter Sohn von Johannes getauft
und von dir mit Heiligem Geist gesalbt,
um im Wasser des Jordan unsere Sünden abzuwaschen.
Am Kreuz ließ er aus seiner Seite Blut und Wasser hervorquellen
und schenkte damit der Kirche Ursprung und Leben.
Nach seiner Auferstehung gab er den Jüngern den Auftrag:
Geht hin und lehrt alle Völker und tauft sie im Namen
des Vaters und des Sohnes und des Heiligen Geistes.
Wir bitten dich:
Schau hin auf das Antlitz deiner Kirche
und mache sie durch das Sakrament der Wiedergeburt
zur Mutter vieler Kinder . . .

Das Sakrament der Buße

Gebete zur Vorbereitung

Gott, du bist der Herr, hoch über allem und doch jedem nahe. Du hast mir mein Leben gegeben mit allen Fähigkeiten, Begabungen und Kräften. Dein Diener bin ich, Verwalter all dessen, was du mir anvertraut hast. Dir muß ich Rechenschaft geben.

Die Quelle in der Grotte

Ich weiß, daß es in meinem Leben Versagen und Sünde gibt. Ich hätte ein besserer Verwalter deiner Gaben sein sollen. Laß mich erkennen, wo ich deinem Willen nicht entsprochen habe, wofür ich deiner Vergebung bedarf.
Sende mir deinen Heiligen Geist, daß ich mich löse von allem, was falsch ist, daß ich es bereue und daß ich mich von neuem für dich entscheide.
Gott, du bist mein Vater. Nach deinem Bild hast du mich geschaffen. In der Taufe hast du mich zum Bruder (zur

Schwester) deines Sohnes, unseres Herrn Jesus Christus gemacht. Er hat stets deine Ehre gesucht und deinen Willen getan. Laß mich erkennen, wie sehr ich Jesus unähnlich geworden bin, daß ich wie der verlorene Sohn von dir fort und in die Fremde gegangen bin. Vater, laß mich umkehren und heimfinden zu dir.
Herr, ich kenne mich oft bei mir selber nicht aus. Du aber kennst mich. Ich möchte mich sehen, wie du mich siehst – auch wenn es schmerzt und mich beschämt.
Ich weiß ja, Herr, daß du mich liebst, daß du Ja zu mir sagst, daß ich mich dir anvertrauen darf, so wie ich bin.
Hilf mir, Herr, meinen Stolz zu überwinden, damit ich mich heilen lasse durch das Wort der Vergebung, das der Priester in deinem Namen mir zuspricht.
(GL 59)

Gewissenserforschung

1. Worum dreht sich mein Leben?
   Worum kreisen meine Gedanken und Pläne?
   Was sind meine Wünsche und Hoffnungen?
   Was sind meine Befürchtungen und Ängste?
   Wofür setze ich mich ein?
   Was erstrebe ich vor allem:
   Geld? Besitz? Erfolg? Ansehen? Macht?
   Bequemlichkeit? Vergnügen? Lust?
   Güte? Wahrheit? Treue?
   Gerechtigkeit? Frieden? Liebe?

2. Bin ich mir bewußt, daß Gott mich liebt?
   daß er mich bejaht? daß ich ihm alles verdanke?
   Bin ich mir bewußt, daß mein Leben ihm gehört?
   daß sein Geist mich führen will?
   daß er durch mich in der Welt wirken will?
   Antworte ich Gott?
   Bejahe ich ihn?
   Bete ich?

Frage ich ihn nach meinem Weg?
Will ich mich führen lassen?
Vertraue ich ihm? Danke ich ihm?
Glaube ich an seinen Sohn Jesus Christus
als meinen gekreuzigten und auferstandenen Erlöser?
Will ich mit Jesus Christus und nach seiner Weise leben?

3. Wodurch bin ich am meisten gefährdet?
Wovon bin ich abhängig? Wonach bin ich süchtig?
Bin ich bereit, mich zu ändern?

4. Denke ich nach über mich?
Gibt es in meinem Leben Stille und Besinnung?
Ist der Sonntag für mich ein Tag der Erholung,
der Gemeinschaft, der Heiligung, des Gottesdienstes?
Denke ich nach über die mir anvertrauten Menschen?
über die Probleme unserer Zeit?
über die Fragen des Glaubens heute?
Lebe ich mit der Kirche?
Bin ich zu Mitverantwortung und Mitarbeit bereit?

5. Bin ich ein dankbarer Sohn? eine dankbare Tochter?
Bin ich meinen Kindern wirklich Vater? wirklich Mutter?
Nehme ich mir Zeit für sie?
Helfe ich ihnen, sich zu entfalten?
Erziehe ich sie durch mein Beispiel?

6. Habe ich meinen Ehepartner ganz angenommen?
Teile ich mein Leben wirklich mit ihm?
Trage ich sein ganzes Leben mit?
Sprechen wir offen miteinander? Beten wir miteinander?
Bin ich treu, auch im Kleinen?
Ist unsere leibliche Begegnung Ausdruck hingebender Liebe?
Bejahe ich die Unauflöslichkeit unserer Ehe?
Anerkenne ich, daß die volle leibliche Gemeinschaft
der Ehe vorbehalten ist?
Achte ich die Unantastbarkeit des Lebens?

7. Wie gehe ich mit meinen anderen Mitmenschen um?
   Achte ich ihre Freiheit?
   Bin ich zum Helfen und Dienen bereit?
   Mühe ich mich um Aufrichtigkeit und Wahrheit?
   Sage ich die Wahrheit immer in Liebe?
   Bin ich bereit zuzuhören und zu verstehen?
   Bin ich ein gewissenhafter und ehrlicher Mitarbeiter?
   Bin ich ein gerechter und guter Vorgesetzter?
   Bin ich bereit, um Vergebung zu bitten?
   Bin ich bereit zu vergeben?

8. Bin ich bereit zu einem einfachen Leben?
   Bin ich bereit zu Einschränkungen und Verzicht?
   Teile ich mit Menschen in Not?

9. Nehme ich unabwendbares Leid an?
   Suche ich darin den Anruf Gottes zu erkennen?
   Will ich Jesus Christus auch im Leid nachfolgen?
   Denke ich an den Tod?
   Bin ich bereit zum Abschied, zum Sterben?
   zum Heimkehren zu Gott?

(Liturgisches Institut Trier 1979)

Gebete der Reue

Gott, himmlischer Vater, ich habe gesündigt; ich kann meine Sünde nicht ungeschehen machen. Du allein kannst Sünden vergeben. Du hast deinen Sohn Jesus Christus gesandt, daß er die Schuld der Welt auf sich nehme und die Sünder zu dir zurückführe.
Herr Jesus Christus, führe auch mich von meinen Irrwegen zurück auf den Weg der Wahrheit und des Lebens. Ich bekenne meine Sünde und bereue sie, weil sie mich von dir fernhält.
Herr, verzeih mir und schenk mir deinen Geist, damit ich deine Liebe erkenne und sie dankbar erwidere.

Herr, du liebst mich von Ewigkeit, hast mich gewollt und

Kranke auf dem Heimweg in die Herberge

gerufen, wartest auf mich. Ich vergesse dich, stelle mich taub und laufe davon.
Es ist nicht gut, daß ich so bin; daß ich dich verletze und die Menschen, mit denen ich zusammenlebe.
Ich will neu beginnen im Vertrauen auf dich. Ich will versuchen, deinen Willen zu tun und gut zu sein zu den Menschen, die mich brauchen.

Gütiger Gott. Ich habe gesündigt, aber ich will mir wieder Mühe geben, das Gute zu tun. Ich kenne meine Schwäche, aber ich vertraue auf deine Hilfe. Du sollst das Ziel sein, das ich immer vor Augen habe. Laß mich dich nicht vergessen, laß mich dich suchen und finden.
(GL 59)

Dankgebet

Ich danke dir, Herr, für die Vergebung, die ich erfahren habe, und für den Mut zu einem neuen Beginn.
Ich danke auch für die Versöhnung mit der Kirche, der ich mit meiner Schuld Schaden zugefügt habe.
Ich will mir Mühe geben, nicht nur mit Worten dankbar zu sein. Auch ich will vergeben, wenn andere mir schaden oder mir wehe tun.
Ich weiß, Herr, es wird nicht alles ganz anders werden in meinem Leben. Aber ich vertraue darauf, daß du mich nicht verwirfst und daß die Kirche mir immer wieder deinen Frieden schenkt, auch wenn nicht alles gelingt, was ich mir vornehme.
Ich danke dir, Herr, daß ich solches Vertrauen haben darf, weil du unsere Schuld getragen hast, und weil dein Erbarmen fortlebt in deiner Kirche.
(GL 60)

Lieder der Pilger

Morgenlieder

1. **Alles meinem Gott zu Ehren** / in der Arbeit in der Ruh! / Gottes Lob und Ehr zu mehren, / ich verlang und alles tu. / Meinem Gott nur will ich geben / Leib und Seel, mein ganzes Leben. / Gib, o Jesu, Gnad dazu; / gib, o Jesu, Gnad dazu.
2. Alles meinem Gott zu Ehren, / alle Freude, alles Leid! / Weiß ich doch, Gott wird mich lehren, / was mir dient zur Seligkeit. / Meinem Gott nur will ich leben, seinem Willen mich ergeben. / Hilf, o Jesu, allezeit; / hilf, o Jesu, allezeit!
3. Alles meinem Gott zu Ehren, / dessen Macht die Welt regiert, / der dem Bösen weiß zu wehren, / daß das Gute mächtig wird. / Gott allein wird Frieden schenken, / seines Volkes treu gedenken. / Hilf, o Jesu, guter Hirt; / hilf, o Jesu, guter Hirt.
   (GL 615)

1. **Aus meines Herzens Grunde** sag ich dir Lob und Dank – / in dieser Morgenstunde, / dazu mein Leben lang, – / dir, Gott in deinem Thron / – zu Lob und Preis und Ehren / durch Christum, unseren Herren, / dein' eingebornen Sohn. –
2. Der du mich hast aus Gnaden / in der vergangnen Nacht / vor Gfahr und allem Schaden / behütet und bewacht, / demütig bitt ich dich, / wollst mir mein Sünd vergeben, / womit in diesem Leben / ich hab erzürnet dich.
3. Gott will ich lassen raten, / denn er all Ding vermag. / Er segne meine Taten / an diesem neuen Tag. / Ihm hab ich heimgestellt / mein' Leib, mein Seel, mein Leben / und was er sonst gegeben; er mach's wie's ihm gefällt.
   (GL 669)

Abendlieder

1. **In dieser Nacht** sei du mir Schirm und Wacht; / o Gott, durch deine Macht wollst mich bewahren / vor Sünd und Leid, vor Satans List und Neid. / Hilf mir im letzten Streit, in Todsgefahren.
2. O Jesu mein, die heilgen Wunden dein / mir sollen Ruhstatt sein für meine Seele. / In dieser Ruh schließ mir die Augen zu; / den Leib und alles Gut ich dir befehle.
3. O große Frau, Maria, auf mich schau; / mein Herz ich dir vertrau in meinem Schlafen. / Auch schütze mich, Sankt Josef, väterlich. / Schutzengel, streit für mich mit deinen Waffen.
(GL 703)

1. **Bevor des Tages Licht vergeht,** / o Herr der Welt, hör dies Gebet: / Behüte uns in dieser Nacht / durch deine große Güt und Macht.
2. Hüllt Schlaf die müden Glieder ein / laß uns in dir geborgen sein / und mach am Morgen uns bereit / zum Lobe deiner Herrlichkeit.
3. Dank dir, o Vater, reich an Macht, / der über uns voll Güte wacht / und mit dem Sohn und Heilgen Geist / des Lebens Fülle uns verheißt. Amen.
(GL 696)

Meßgesänge, 1. Reihe

1. **Zu Dir, o Gott, erheben wir** / die Seele mit Vertrauen. / Dein Volk erfreuet sich in dir, / wollst gnädig niederschauen. / Laß leuchten, Herr, dein Angesicht, / erfüll uns mit der Gnade Licht / und schenk uns dein Erbarmen.
2. Herr, zeige uns die Wege dein / und lehr uns deine Pfade. / Ganz nahe laß dein Wort uns sein / voll Wahrheit und voll Gnade. / Nimm du hinweg der Sünde

Schuld, / mit unsrer Schwachheit hab Geduld / und schenk uns dein Erbarmen.
(GL 462)

Gott in der Höh sei Preis und Ehr, / den Menschen Fried auf Erden. / Allmächtiger Vater, höchster Herr, / du sollst verherrlicht werden. / Herr Jesus Christus, Gottes Sohn, / wir rühmen deinen Namen; / du wohnst mit Gott dem Heilgen Geist / im Licht des Vaters. Amen.
(GL 464)

O Gott, nimm an die Gaben, / die du uns hast verliehn; / nimm alles, was wir haben, / zu deinem Lobe hin. / Bereite Herz und Hände, / daß würdig wir begehn / das Opfer ohne Ende, / das du dir ausersehn.
(GL 468)

Heilig ist Gott in Herrlichkeit; / sein Ruhm erfüllt die Himmel weit. / Lobsinget, jubelt ihm. Hosanna. / Preis ihm, der kommt in unsre Zeit. / Lobsinget, jubelt ihm. Hosanna.
(GL 469)

O Lamm Gottes unschuldig, / am Stamm des Kreuzes geschlachtet, / allzeit erfunden geduldig, / wiewohl du warest verachtet, / all Sünd hast du getragen, / sonst müßten wir verzagen. / 1. Erbarm dich unser, o Jesu. / 2. Gib deinen Frieden, o Jesu.
(GL 470)

1. **O Jesu, / all mein Leben bist du,** ohne dich nur Tod. / Meine Nahrung bist du, ohne dich nur Not. / Meine Freude bist du, ohne dich nur Leid. / Meine Ruhe bist du, ohne dich nur Streit, / o Jesu.
2. O Jesu, / all mein Glaube bist du, Ursprung allen Lichts. / Meine Hoffnung bist du, Heiland des Gerichts. / Meine Liebe bist du, Trost und Seligkeit. / All mein Leben bist du, Gott der Herrlichkeit, / o Jesu.
(GL 472)

1. **Im Frieden dein, o Herre mein,** / laß ziehn mich meine Straßen. / Wie mir dein Mund gegeben kund, / schenkst Gnad du ohne Maßen, / hast mein Gesicht das selge Licht, / den Heiland, schauen lassen.
2. Mir armem Gast bereitet hast / das reiche Mahl der Gnaden. / Das Lebensbrot stillt Hungersnot, / heilt meiner Seele Schaden. / Ob solchem Gut jauchzt Sinn und Mut / mit alln, die du geladen.
3. O Herr, verleih, daß Lieb und Treu / in dir uns all verbinden, / daß Hand und Mund zu jeder Stund / dein Freundlichkeit verkünden, / bis nach der Zeit den Platz bereit / an deinem Tisch wir finden.
(GL 473)

Meßgesänge, 2. Reihe

Dir Gott im Himmel Preis und Ehr, / den Menschen Fried auf Erden. / Allmächtger Vater, König, Herr, / du sollst verherrlicht werden. / Herr Christ, Lamm Gottes, erbarme dich; / du bist der Höchste ewiglich / im Reich des Vaters. Amen.
(GL 476)

1. **Wir weihn der Erde Gaben** / dir, Vater, Brot und Wein; / das Opfer hocherhaben / wird Christus selber sein. / Er schenkt dir hin sein Leben, / gehorsam bis zum Tod, / uns Arme zu erheben / aus tiefer Schuld und Not.
2. Sieh gnädig auf uns nieder, / die wir in Demut nahn; / nimm uns als Christi Brüder / mit ihm zum Opfer an. / Laß rein uns vor dir stehen, / von seinem Blut geweiht, / durch Kreuz und Tod eingehen / in deine Herrlichkeit.
(GL 480)

Heilig, heilig, heilig ist Gott, der Herr der Mächte. / Erfüllt sind Himmel und Erde von seiner Herrlichkeit. / Hosanna in der Höhe. / Gebenedeit sei, der da kommt im Namen des Herrn. / Hosanna, hosanna in der Höhe.
(GL 481)

1. **Christe, du Lamm Gottes,** / der du trägst die Sünd der Welt, / erbarm dich unser.
2. Christe . . . erbarm dich unser.
3. Christe . . . gib uns deinen Frieden. Amen.
   (GL 482)

1. **O wunderbare Speise** / auf dieser Pilgerreise, / o Manna, Himmelsbrot, / wollst unsern Hunger stillen, / mit Gnaden uns erfüllen, / uns retten vor dem ewgen Tod.
2. Du hast für uns dein Leben, / o Jesu, hingegeben / und gibst dein Fleisch und Blut / zur Speise und zum Tranke. / Wer preist mit würdgem Danke / dies unschätzbare, ewge Gut!
3. »Kommt alle, die auf Erden / von Not bedränget werden«, / so spricht dein eigner Mund, / »ich will euch wiedergeben / mit meinem Blut das Leben. / Dies ist der neue, ewge Bund.«
4. O Herr, was wir hier schauen / in Glauben und Vertrauen, / das zeige uns im Licht, / und laß es einst geschehen, / daß ewig wir dich sehen / von Angesicht zu Angesicht.
   (GL 503)

1. **Nun danket all und bringet Ehr,** / ihr Menschen in der Welt, / dem, dessen Lob der Engel Heer / im Himmel stets vermeldt.
2. Ermuntert euch und singt mit Schall / Gott, unserm höchsten Gut, / der seine Wunder überall / und große Dinge tut.
3. Er gebe uns ein fröhlich Herz, / erfrische Geist und Sinn / und werf all Angst, Furcht, Sorg und Schmerz / in Meerestiefen hin.
4. Er lasse seinen Frieden ruhn / auf unserm Volk und Land; / er gebe Glück zu unserm Tun / und Heil zu allem Stand.
   (GL 267)

Meßgesänge, 3. Reihe

1. **Aus der Tiefe rufen wir zu dir;** / Herr und Vater, aller Vater, / sieh, wir flehn voll Inbrunst hier. / Herr und Vater, aller Vater, ach, verstoß uns nicht von dir!
2. Willst in Strenge unsre Schuld ansehn, / willst du rächen die Verbrechen: / Herr, wer wird vor dir besteh'n? / Willst du rächen die Verbrechen, / Herr, wir all zugrunde gehn!
3. Nein, Erbarmung ist dein Nam, o Gott! / Überschwänglich, unvergänglich / deine Huld in aller Not. / Überschwänglich, unvergänglich / deine Huld in aller Not.
4. Ja, der Herr ist lauter Gütigkeit, / sich der Armen zu erbarmen, / sie zu retten stets bereit. / Sich der Armen zu erbarmen, / sie zu retten stets bereit.
5. So vertrau denn, Gottes Volk, dem Herrn; / deine Sorgen vor dem Morgen / bis zur Nacht vertrau dem Herrn! / Deine Sorgen vor dem Morgen / bis zur Nacht vertrau dem Herrn!
   (DT Mü. 834, Aug. 813, Reg. 820, Ba. 913, Wü. 909)

Fröhlich laßt uns Gott lobsingen, / hocherfreut laßt uns heut ihm Anbetung bringen! / In des Himmels hohe Chöre / stimmet ein: Gott allein, / unserm Gott sei Ehre!
(DT Mü. 814, Reg. 856, Ba. 909)

1. **Nimm an, o Gott, in Gnaden** / die Gaben vom Altar! / Für uns, die schuldbeladen, / bringt sie dein Priester dar. / Empor wie Weihrauch steige / des Opfers Duft zu dir; / dein Antlitz huldvoll neige / zu uns sich für und für!
2. O Herr, in diesen Gaben, / die dankbar wir dir weihn, / laß alles, was wir haben, / vor dir ein Opfer sein! / Nimm unser Tun und Streben, / Gedanken, Herz und Sinn, / nimm unser ganzes Leben, / o Gott, nimm alles hin!
   (DT Mü. 817, Reg. 866, Ba. 821)

Heilig, heilig, dreimal heilig / bist du, Herr, Gott Sabaoth! / Erd und Himmel dich lobpreisen / in der Höhe, großer Gott. / Heilig, der in deinem Namen / zu uns kommt; Hosanna, Amen. / Ihm sei Lob und Herrlichkeit, / Preis und Dank in Ewigkeit.
(DT Mü. 820, Aug. 844, Reg. 868, Wü. 805)

O du Lamm Gottes, / das du hinwegnimmst die Sünde der Welt, / erbarme dich unser. (2mal)
O du Lamm Gottes, / das du hinwegnimmst die Sünde der Welt, / schenk uns den Frieden.
(DT Reg. 872, Wü. 815)

1. **Wahrer Leib, sei uns gegrüßet,** / den Maria uns gebar. / Du hast unsere Schuld gebüßet, / sterbend auf dem Kreuzaltar. / Blut und Wasser sind geflossen, / als dein Herz durchstochen war; / sei zum Heil von uns genossen / in der Todesstund Gefahr!
2. Göttlich Blut, für uns vergossen, / aus des Heilands Wunden rot! / Du den Himmel hast erschlossen, / uns erlöst vom ewgen Tod. / Herr, der Feind von allen Seiten / mit Gewalt und Arglist droht; / hilf uns beten, hilf uns streiten, / stärk uns in des Sterbens Not!
(DT Mü. 840, Reg. 878, Ba. 877, Wü. 879)

1. **Gib, Herr, uns deinen Segen,** um den wir zu dir flehn, / daß wir auf deinen Wegen durchs Leben freudig gehn; / gib, daß wir rein von Sünden einst stehen vor Gericht, / damit wir Gnade finden vor deinem Angesicht.
2. Wir deine Hilf begehren, o reinste aller Fraun; / wollst unser Flehn erhören und gnädig niederschaun. / Hilf siegreich überwinden der Hölle List und Macht, / daß wir den Frieden finden, den uns dein Kind gebracht!
3. Behüte unsre Pfade, Sankt Josef, Schutzpatron; / erfleh uns reiche Gnade von deinem Pflegesohn! / Und wann wir einstens scheiden aus diesem Jammertal, / wollst väterlich uns leiten zum hohen Himmelssaal!
(DT Reg. 917, Ba. 919, Wü. 890)

Meßgesänge, 4. Reihe (Schubert-Messe)

1. **Wohin soll ich mich wenden,** / wenn Gram und Schmerz mich drücken? / Wem künd ich mein Entzücken, / wenn freudig pocht mein Herz? / Zu dir, zu dir, o Vater, komm ich in Freud und Leiden; / du sendest ja die Freuden, / du heilest jeden Schmerz.
2. Ach, wenn ich dich nicht hätte, / was wär mir Erd und Himmel? / Ein Bannort jede Stätte, / ich selbst in Zufalls Hand. / Du bist's, der meinen Wegen / ein sichres Ziel verleihet / und Erd' und Himmel weihet / zu süßem Heimatland.
   (DT Reg. 842, Ba. 830)

1. **Ehre, Ehre sei Gott in der Höhe!** / singet der himmlischen selige Schar. / Ehre, Ehre sei Gott in der Höhe! / stammeln auch wir, die die Erde gebar. / Staunen nur kann ich und staunend mich freun; / Vater der Welten, doch stimm ich mit ein: / Ehre sei Gott in der Höhe!
2. Ehre, Ehre sei Gott in der Höhe! / kündet der Sterne strahlendes Heer. / Ehre, Ehre sei Gott in der Höhe! / säuseln die Lüfte, brauset das Meer. / Feiernder Wesen unendlicher Chor / jubelt im ewigen Danklied empor: / Ehre sei Gott in der Höhe!
   (DT Reg. 843, Mü. 815, Ba. 831)

1. **Du gabst, o Herr, mir Sein und Leben** / und deiner Lehre himmlisch Licht. / Was kann dafür ich Staub dir geben? / [:Nur danken kann ich, mehr doch nicht.:]
2. Wohl mir! Du willst für deine Liebe / ja nichts als wieder Lieb' allein; / und Liebe, dankerfüllte Liebe / [:soll meines Lebens Wonne sein.:]
3. Mich selbst, o Herr, mein Tun und Denken / und Leid und Freude opfr' ich dir. / Herr, nimm durch deines Sohnes Opfer / [:dies Herzensopfer auch von mir!:]
   (DT Reg. 845, Ba. 833)

1. **Heilig, heilig, heilig,** heilig ist der Herr! / Heilig, heilig, heilig, heilig ist nur er! / Er, der nie begonnen, er, der immer war, / ewig ist und waltet, sein wird immerdar.
2. Heilig, heilig, heilig, heilig ist der Herr! / Heilig, heilig, heilig, heilig ist nur er! / Allmacht, Wunder, Liebe, alles rings umher! / Heilig, heilig, heilig, heilig ist der Herr! (DT Reg. 846, Mü. 818, Aug. 845, Ba. 834)

1. **Mein Heiland, Herr und Meister!** / Dein Mund so segenreich, / sprach einst das Wort des Heiles: / »Der Friede sei mit euch!« / O Lamm, das opfernd tilgte / der Menschheit schwere Schuld, / send uns auch deinen Frieden / durch deine Gnad' und Huld!
2. Mein Heiland, Herr und Meister, / o sprich erbarmungsreich / zu uns das Wort des Heiles: / »Der Friede sei mit euch!« / Send uns den Himmelsfrieden, / den nie die Erde gibt, / der nur dem Herzen winket, / das rein und treu dich liebt!
(DT Reg. 847, Ba. 835)

Gotteslob und Gottvertrauen

1. **Großer Gott, wir loben dich;** / Herr, wir preisen deine Stärke. / Vor dir neigt die Erde sich / und bewundert deine Werke. / Wie du warst vor aller Zeit, / so bleibst du in Ewigkeit.
2. Alles, was dich preisen kann, / Kerubim und Serafinen / stimmen dir ein Loblied an; / alle Engel, die dir dienen, / rufen dir stets ohne Ruh / »Heilig, heilig, heilig« zu.
3. Heilig, Herr Gott Zebaot! / Heilig, Herr der Himmelsheere! / Starker Helfer in der Not! / Himmel, Erde, Luft und Meere / sind erfüllt von deinem Ruhm; / alles ist dein Eigentum.
4. Der Apostel heilger Chor, / der Propheten hehre Menge / schickt zu deinem Thron empor / neue Lob- und Dankgesänge. / Der Blutzeugen lichte Schar / lobt und preist dich immerdar.

5. Dich, Gott Vater auf dem Thron, / loben Große, loben Kleine. / Deinem eingebornen Sohn / singt die heilige Gemeinde, / und sie ehrt den Heilgen Geist, / der uns seinen Trost erweist.
6. Herr, erbarm, erbarme dich. / Laß uns deine Güte schauen; / deine Treue zeige sich, / wie wir fest auf dich vertrauen. / Auf dich hoffen wir allein: / laß uns nicht verloren sein.
(GL 257)

1. **Lobe den Herren, den mächtigen König der Ehren;** / lob ihn, o Seele, vereint mit den himmlischen Chören. / Kommet zuhauf, / Psalter und Harfe, wacht auf, / lasset den Lobgesang hören.
2. Lobe den Herren, der alles so herrlich regieret, / der dich auf Adelers Fittichen sicher geführet, / der dich erhält, / wie es dir selber gefällt. / Hast du nicht dieses verspüret?
3. Lobe den Herren, der künstlich und fein dich bereitet, / der dir Gesundheit verliehen, dich freundlich geleitet. / In wieviel Not / hat nicht der gnädige Gott / über dir Flügel gebreitet!
4. Lobe den Herren, was in mir ist, lobe den Namen. / Lob ihn mit allen, die seine Verheißung bekamen. / Er ist dein Licht; / Seele, vergiß es ja nicht. / Lob ihn in Ewigkeit. Amen.
(GL 258)

1. |:**Kommt herbei, singt dem Herrn,** / ruft ihm zu, der uns befreit.:| / Singend laßt uns vor ihn treten, / mehr als Worte sagt ein Lied. / Singend laßt uns vor ihn treten, / mehr als Worte sagt ein Lied.
2. |:Er ist Gott, Gott für uns, / er allein ist letzter Halt.:| |:Überall ist er und nirgends, / Höhen, Tiefen, sie sind sein.:|
3. |:Ja, er heißt: Gott für uns; / wir die Menschen, die er liebt.:| |:Darum können wir ihm folgen, / können wir sein Wort verstehn.:|

Lourdes ist auch Treffpunkt vieler ehrenamtlicher Helferinnen und Helfer

4. |:Wir sind taub, wir sind stumm, / wollen eigne Wege gehn.:| |:Wir erfinden neue Götter / und vertrauen ihnen blind.:|
5. |:Dieser Weg führt ins Nichts, / und wir finden nicht das Glück,:| |:graben unsre eignen Gräber, / geben selber uns den Tod.:|
6. |:Menschen, kommt, singt dem Herrn, / ruft ihm zu, der uns befreit.:| |:Singend laßt uns vor ihn treten, / mehr als Worte sagt ein Lied.:|
(GL 270)

1. **Erde, singe,** daß es klinge, / laut und stark dein Jubellied! / Himmel alle, / singt zum Schalle / dieses Liedes jauchzend mit! / Singt ein Loblied eurem Meister! / Preist ihn laut, ihr Himmelsgeister! / Was er schuf, was er gebaut, / preis ihn laut!

2. Kreaturen / auf den Fluren, / huldigt ihm mit Jubelruf! / Ihr im Meere, / preist die Ehre / dessen, der aus nichts euch schuf! / Was auf Erden ist und lebet, / was in hohen Lüften schwebet, / lob ihn! Er haucht ja allein / Leben ein.
3. Jauchzt und singet, / daß es klinget, / laut ein allgemeines Lied! / Wesen alle, / singt zum Schalle / dieses Liedes jubelnd mit! / Singt ein Danklied eurem Meister, / preist ihn laut, ihr Himmelsgeister! / Was er schuf, was er gebaut, / preis ihn laut!
(DT Mü. 852, Aug. 827, Reg. 832, Ba. 907, Wü. 808, Eich. 853)

1. **Was Gott tut, das ist wohlgetan,** / es bleibt gerecht sein Wille; / wie er fängt seine Sachen an, / will ich ihm halten stille. / Er ist mein Gott, der in der Not / mich wohl weiß zu erhalten; / drum laß ich ihn nur walten.
2. Was Gott tut, das ist wohlgetan; / er wird mich nicht betrügen. / Er führet mich auf rechter Bahn, / so laß ich mir genügen / an seiner Huld und hab Geduld; / er wird mein Unglück wenden, / es steht in seinen Händen.
3. Was Gott tut, das ist wohlgetan; / er ist mein Licht und Leben, / der mir nichts Böses gönnen kann; / ich will mich ihm ergeben / in Freud und Leid. Es kommt die Zeit, / da öffentlich erscheinet, / wie treulich er es meinet.
4. Was Gott tut, das ist wohlgetan; / dabei will ich verbleiben. / Es mag mich auf die rauhe Bahn / Not, Tod und Elend treiben, / so wird Gott mich ganz väterlich / in seinen Armen halten; / drum laß ich ihn nur walten.
(GL 294)

1. **Erhöre, Herr, erhöre mich,** / und steh mir bei barmherziglich / in allen meinen Nöten! / Wenn noch so tief mein Herz betrübt, / du bist's, der ihm den Frieden gibt, / drum will ich zu dir beten.

2. Ich ruf dich, wann die Sonn aufgeht, / wann mitten sie am Himmel steht, / und wann sie abgegangen. / Mein Flehen steigt zu dir empor, / du neigst zu mir dein gnädig Ohr, / verscheuchst des Herzens Bangen.
3. Wann ich nur hoff auf dich allein, / so wirst du Trost und Schild mir sein, / wirst allzeit für mich sorgen. / In aller Trübsal und Gefahr / bleibst du mein Zuflucht immerdar, / bei dir bin ich geborgen.
(DT Mü. 853, Reg. 914, Ba. 915, Wü. 809)

1. **Ein Haus voll Glorie schauet** / weit über alle Land, / aus ewgem Stein erbauet / von Gottes Meisterhand. / Gott, wir loben dich, / Gott, wir preisen dich. / O laß im Hause dein / uns all geborgen sein.
2. Auf Zion hoch gegründet / steht Gottes heilge Stadt, / daß sie der Welt verkündet, / was Gott gesprochen hat. / Herr, wir rühmen dich, / wir bekennen dich; / denn du hast uns bestellt / zu Zeugen in der Welt.
3. Die Kirche ist erbauet / auf Jesus Christ allein. / Wenn sie auf ihn nur schauet, / wird sie im Frieden sein. / Herr, dich preisen wir, / auf dich bauen wir; / laß fest auf diesem Grund / uns stehn zu aller Stund.
4. Seht Gottes Zelt auf Erden! / Verborgen ist er da; / in menschlichen Gebärden / bleibt er den Menschen nah. / Herr, wir danken dir, / wir vertrauen dir; / in Drangsal mach uns frei / und steh im Kampf uns bei.
5. Sein wandernd Volk will leiten / der Herr in dieser Zeit; / er hält am Ziel der Zeiten / dort ihm sein Haus bereit. / Gott, wir loben dich, / Gott, wir preisen dich. / O laß im Hause dein / uns all geborgen sein.
(GL 639)

1. **Gib uns Frieden jeden Tag.** / Laß uns nicht allein, / denn du hast uns fest versprochen / stets bei uns zu sein. / Denn nur du, unser Gott, denn nur du, unser Gott, / hast die Menschen in der Hand. / Laß uns nicht allein.

2. Gib uns Freiheit jeden Tag. / Laß uns nicht allein. / Laß für Frieden uns und Freiheit / immer tätig sein. / Denn durch dich, unsern Gott, denn durch dich, unsern Gott, / sind wir frei in jedem Land. / Laß uns nicht allein.
3. Gib uns Freude jeden Tag. / Laß uns nicht allein. / Für die kleinsten Freundlichkeiten / laß uns dankbar sein. / Denn nur du, unser Gott, denn nur du, unser Gott, / hast uns alle in der Hand. / Laß uns nicht allein.
(DT Ba. 921)

1. **Nun danket alle Gott** / mit Herzen, Mund und Händen, / der große Dinge tut / an uns und allen Enden, / der uns von Mutterleib / und Kindesbeinen an / unzählig viel zugut / bis hieher hat getan.
2. Der ewigreiche Gott / woll uns in unserm Leben / ein immer fröhlich Herz / und edlen Frieden geben / und uns in seiner Gnad / erhalten fort und fort / und uns aus aller Not / erlösen hier und dort.
3. Lob, Ehr und Preis sei Gott / dem Vater und dem Sohne / und Gott dem Heilgen Geist / im höchsten Himmelsthrone, / ihm, dem dreieingen Gott, / wie es im Anfang war / und ist und bleiben wird / so jetzt und immerdar.
(GL 266)

Christuslieder

1. **»Mir nach«, spricht Christus, unser Held,** / »mir nach, ihr Christen alle! / Verleugnet euch, verlaßt die Welt, / folgt meinem Ruf und Schalle; / nehmt euer Kreuz und Ungemach / auf euch, folgt meinem Wandel nach.
2. Ich bin das Licht. Ich leucht euch für / mit meinem heilgen Leben. / Wer zu mir kommt und folget mir, / darf nicht im Finstern schweben. / Ich bin der Weg, ich weise wohl, / wie man wahrhaftig wandeln soll.

3. Fällt's euch zu schwer? Ich geh voran, / ich steh euch an der Seite. / Ich kämpfe selbst, ich brech die Bahn, / bin alles in dem Streite. / Ein böser Knecht, der still kann stehn, / sieht er voran den Feldherrn gehn.
4. Wer seine Seel zu finden meint, / wird sie ohn mich verlieren. / Wer sie um mich verlieren scheint, / wird sie nach Hause führen. / Wer nicht sein Kreuz nimmt und folgt mir, / ist mein nicht wert und meiner Zier.«
5. So laßt uns denn dem lieben Herrn / mit unserm Kreuz nachgehen / und wohlgemut, getrost und gern / in allen Leiden stehen. / Wer nicht gekämpft, trägt auch die Kron / des ewgen Lebens nicht davon.
(GL 616)

1. **Schönster Herr Jesu, Herrscher aller Herren,** / Gottes und Marien Sohn, / dich will ich lieben, dich will ich ehren, / meiner Seele Freud und Kron.
2. Alle die Schönheit Himmels und der Erden / ist gefaßt in dir allein. / Keiner soll immer lieber mir werden / als du, liebster Jesu mein.
3. Schön ist der Monde, schöner ist die Sonne, / schön sind auch die Sterne all. / Jesus ist feiner, Jesus ist reiner / als die Engel allzumal.
4. Schön sind die Blumen, schöner sind die Menschen / in der frischen Jugendzeit; / sie müssen sterben, müssen verderben, / Jesus bleibt in Ewigkeit.
5. Schönster Herr Jesu, bei uns gegenwärtig / durch dein Wort und Sakrament, / Jesu, dich bitt ich: Herr, sei uns gnädig / jetzt und auch am letzten End.
(GL 551)

1. **Lob sei dem Herrn,** Ruhm seinem Namen!
Höret es all und freut euch in ihm.
1.–8. Kostet und seht, wie gütig der Herr. Allen wird Heil, die ihm vertraun.
2. Suchet den Herrn, er wird euch retten;
alle Bedrängnis nimmt er von euch.

3. Naht euch dem Herrn, Freude im Antlitz; rufet ihn an, er neigt sich euch zu.
4. Schaut auf den Herrn; seht, seine Engel walten um euch, zur Rettung gesandt.
5. Fürchtet den Herrn, ihr seine Frommen; denn die ihn fürchten, leiden nicht Not.
6. So spricht der Herr: Lasset das Böse, suchet den Frieden, jaget ihm nach.
7. Hofft auf den Herrn, er ist bei allen, die in des Herzens Drangsal ihm nahn.
8. Danket dem Herrn, unserm Erlöser. Nie geht zugrunde, wer auf ihn baut. (GL 493)

1. **Gelobt seist du, Herr Jesu Christ,** / ein König aller Ehren; / dein Reich ohn alle Grenzen ist, / ohn Ende muß es währen. / Christkönig, Halleluja, Halleluja.
2. Das All durchtönt ein mächtger Ruf: / »Christ A und O der Welten!« / Das Wort, das sie zu Anfang schuf, / wird bis ans Ende gelten. / Christkönig, Halleluja, Halleluja.
3. Auch jeder Menschenseele Los / fällt, Herr, von deinen Händen, / und was da birgt der Zeiten Schoß, / du lenkst es aller Enden. / Christkönig, Halleluja, Halleluja.
4. O sei uns nah mit deinem Licht, / mit deiner reichen Gnade, / und wenn du kommst zu dem Gericht, / Christ, in dein Reich uns lade. / Christkönig, Halleluja, Halleluja. (GL 560)

1. **Das Heil der Welt, Herr Jesus Christ,** / wahrhaftig hier zugegen ist; / im Sakrament das höchste Gut / verborgen ist mit Fleisch und Blut.
2. Hier ist das wahre Osterlamm, / das für uns starb am Kreuzesstamm; / es nimmt hinweg der Sünden Schuld / und schenkt uns wieder Gottes Huld.

3. Das wahre Manna, das ist hie, / davor der Himmel beugt die Knie; / hier ist das rechte Himmelsbrot, / das wendet unsres Hungers Not.
4. O was für Lieb, Herr Jesus Christ, / den Menschen hier erwiesen ist! / Wer die genießt in dieser Zeit, / wird leben in all Ewigkeit.
(GL 547)

1. **O Haupt voll Blut und Wunden,** / voll Schmerz und voller Hohn, / o Haupt, zum Spott gebunden / mit einer Dornenkron, / o Haupt, sonst schön gekrönet / mit höchster Ehr und Zier, / jetzt aber frech verhöhnet: / gegrüßet seist du mir.
2. Du edles Angesichte, / vor dem sonst alle Welt / erzittert im Gerichte, / wie bist du so entstellt. / Wie bist du so erbleichet, / wer hat dein Augenlicht, / dem sonst ein Licht nicht gleichet, / so schändlich zugericht't.
3. Was du, Herr, hast erduldet, / ist alles meine Last; / ich, ich hab es verschuldet, / was du getragen hast. / Schau her, hier steh ich Armer, / der Zorn verdienet hat; / gib mir, o mein Erbarmer, / den Anblick deiner Gnad.
4. Ich danke dir von Herzen, / o Jesu, liebster Freund, / für deines Todes Schmerzen, / da du's so gut gemeint. / Ach gib, daß ich mich halte / zu dir und deiner Treu / und, wenn ich einst erkalte, / in dir mein Ende sei.
(GL 179)

1. **Wir beten an dich wahres Engelsbrot,** / dich, Vater, Herr, barmherzig großer Gott! / Heilig, heilig, heilig! / Du bist allzeit heilig; / sei gepriesen ohne End in dem heilgen Sakrament!
2. Wir bitten dich; erbarm dich, großer Gott, / und segne uns mit diesem Himmelsbrot! / Heilig usw.
3. Ich glaube fest, daß unter Brotesschein / verborgen ist mein Gott und Jesus mein.
4. Ich hoff' o Gott, gestärkt im Liebesmahl, / dich ewig einst zu schaun im Himmelssaal.

5. Ich liebe dich, mein Gott und alles du! / Du bist allein der Seele Trost und Ruh.
(DT Mü. 844, Reg. 886)

1. **Jesus, dir leb ich!** / Jesus, dir sterb ich! / Jesus, dein bin ich im Leben und im Tod!
2. O sei uns gnädig, / sei uns barmherzig! / Führ uns, o Jesus, in deine Seligkeit!
3. Jesus, gib Glauben, / stärk meine Hoffnung, / Jesus, schenk Liebe und Treue bis zum Tod!
4. Jesus, dir dank ich, / Jesus, dich bitt ich, / Jesus, dich lob ich jetzt und in Ewigkeit.
(DT Reg. 893, Aug. 868, Ba. 882)

1. **Dem Herzen Jesu singe** / mein Herz in Liebeswonn, / durch alle Wolken dringe / der laute Jubelton: / Gelobt, gebenedeiet / soll sein zu jeder Zeit / das heiligste Herz Jesu, / gelobt in Ewigkeit, / in alle Ewigkeit!
2. O Herz, für mich gebrochen / aus übergroßer Huld, / von einer Lanz durchstochen / ob meiner Sündenschuld! / Gelobt usw.
3. O Herz, aus dessen Wunde / einst Wasser floß und Blut, / wie strömt im Neuen Bunde / aus dir die Gnadenflut!
4. Herr Jesus, eine Bitte, / nur eins verlang ich hier: / In deines Herzens Mitte / gib eine Wohnstatt mir!
(DT Reg. 892, Ba. 878, Eich. 839)

Lieder zum Heiligen Geist

1. **Komm, Heilger Geist, der Leben schafft,** / erfülle uns mit deiner Kraft. / Dein Schöpferwort rief uns zum Sein: / nun hauch uns Gottes Odem ein.
2. Komm, Tröster, der die Herzen lenkt, / du Beistand, den der Vater schenkt; / aus dir strömt Leben, Licht und Glut, / du gibst uns Schwachen Kraft und Mut.

3. Dich sendet Gottes Allmacht aus / im Feuer und in Sturmes Braus; / du öffnest uns den stummen Mund / und machst der Welt die Wahrheit kund.
4. Entflamme Sinne und Gemüt, / daß Liebe unser Herz durchglüht / und unser schwaches Fleisch und Blut / in deiner Kraft das Gute tut.
5. Die Macht des Bösen banne weit, / schenk deinen Frieden allezeit. / Erhalte uns auf rechter Bahn, / daß Unheil uns nicht schaden kann.
6. Laß gläubig uns den Vater sehn, / sein Ebenbild, den Sohn, verstehn / und dir vertraun, der uns durchdringt / und uns das Leben Gottes bringt.
7. Den Vater auf dem ewgen Thron / und seinen auferstandnen Sohn, / dich, Odem Gottes, Heilger Geist, / auf ewig Erd und Himmel preist. / Amen.
(GL 241)

1. **Komm, Schöpfer Geist, kehr bei uns ein,** / besuch das Herz der Kinder dein: / die deine Macht erschaffen hat, / erfülle nun mit deiner Gnad.
2. Der du der Tröster wirst genannt, / vom höchsten Gott ein Gnadenpfand, / du Lebensbrunn, Licht, Lieb und Glut, / der Seele Salbung, höchstes Gut.
3. O Schatz, der siebenfältig ziert, / o Finger Gottes, der uns führt, / Geschenk, vom Vater zugesagt, / du, der die Zungen reden macht.
4. Zünd an in uns des Lichtes Schein, / gieß Liebe in die Herzen ein, / stärk unsres Leibs Gebrechlichkeit / mit deiner Kraft zu jeder Zeit.
5. Treib weit von uns des Feinds Gewalt, / in deinem Frieden uns erhalt, / daß wir, geführt von deinem Licht, / in Sünd und Elend fallen nicht.
6. Den Vater auf dem ewgen Thron / lehr uns erkennen und den Sohn; / dich, beider Geist, sei'n wir bereit / zu preisen gläubig alle Zeit.
(GL 245)

1. **Der Geist des Herrn erfüllt das All** / mit Sturm und Feuersgluten; / er krönt mit Jubel Berg und Tal, / er läßt die Wasser fluten. / Ganz überströmt von Glanz und Licht / erhebt die Schöpfung ihr Gesicht, / frohlockend: Halleluja.
2. Der Geist des Herrn erweckt den Geist / in Sehern und Propheten, / der das Erbarmen Gottes weist / und Heil in tiefsten Nöten. / Seht, aus der Nacht Verheißung blüht; / die Hoffnung hebt sich wie ein Lied / und jubelt: Halleluja.
3. Der Geist des Herrn treibt Gottes Sohn, / die Erde zu erlösen; / er stirbt, erhöht am Kreuzesthron, / und bricht die Macht des Bösen. / Als Sieger fährt er jauchzend heim / und ruft den Geist, daß jeder Keim / aufbreche: Halleluja.
4. Der Geist des Herrn durchweht die Welt / gewaltig und unbändig; / wohin sein Feueratem fällt, / wird Gottes Reich lebendig. / Da schreitet Christus durch die Zeit / in seiner Kirche Pilgerkleid, / Gott lobend: Halleluja. (GL 249)

1. **Nun bitten wir den Heiligen Geist** / um den rechten Glauben allermeist, / daß er uns behüte an unserm Ende, / wenn wir heimfahrn aus diesem Elende. / Kyrieleis.
2. Du heller Schein, du lebendig Licht, / Geist des Herrn, der unsre Nacht durchbricht, / laß uns Gott erkennen, ihn Vater nennen / und von Christus uns nimmermehr trennen. / Kyrieleis.
3. Du stille Macht, du verborgne Kraft, / Geist des Herrn, der in uns lebt und schafft, / wohne du uns inne, uns anzutreiben; / bete du in uns, wo wir stumm bleiben. / Kyrieleis.
4. Du mächtger Hauch, unerschaffne Glut, / Geist des Herrn, gib du uns neuen Mut, / daß wir Gottes Liebe den Menschen künden / und im Frieden als Brüder uns finden. / Kyrieleis.

5. Erleuchte uns, o ewiges Licht, / hilf, daß alles, was durch uns geschieht, / Gott sei wohlgefällig durch Jesum Christum, / der uns macht heilig durch sein Priestertum. / Kyrieleis.
(GL 248)

Marienlieder

1. **Ave Maria zart,** du edler Rosengart, lilienweiß, ganz ohne Schaden, / ich grüße dich zur Stund mit Gabrielis Mund: Ave, die du bist voller Gnaden.
2. Du hast des Höchsten Sohn, Maria rein und schön, in deinem keuschen Schoß getragen, / den Heiland Jesus Christ, der unser Retter ist aus aller Sünd und allem Schaden.
3. Denn nach dem Sündenfall wir warn verstoßen all und sollten ewig sein verloren. / Da hast du, reine Magd, wie dir vorhergesagt, uns Gottes Sohn zum Heil geboren.
(GL 583)

1. **Maria, dich lieben ist allzeit mein Sinn;** / dir wurde die Fülle der Gnaden verliehn: / du Jungfrau, auf dich hat der Geist sich gesenkt; / du Mutter hast uns den Erlöser geschenkt.
2. Dein Herz war der Liebe des Höchsten geweiht; / du warst für die Botschaft des Engels bereit. / Du sprachst: „Mir geschehe, wie du es gesagt. / Dem Herrn will ich dienen, ich bin seine Magd."
3. Du Frau aus dem Volke, von Gott ausersehn, / dem Heiland auf Erden zur Seite zu stehn, / kennst Arbeit und Sorge ums tägliche Brot, / die Mühsal des Lebens in Armut und Not.
4. Du hast unterm Kreuze auf Jesus geschaut, / er hat dir den Jünger als Sohn anvertraut. / Du Mutter der Schmerzen, o mach uns bereit, / bei Jesus zu stehen im Kreuz und in Leid.

5. Du Mutter der Gnaden, o reich uns die Hand / auf all unsern Wegen durchs irdische Land. / Hilf uns, deinen Kindern, in Not und Gefahr; / mach allen, die suchen, den Sohn offenbar.
6. Von Gott über Engel und Menschen gestellt, / erfleh uns das Heil und den Frieden der Welt. / Du Freude der Erde, du himmlische Zier: / du bist voll der Gnade, der Herr ist mit dir.
(GL 594)

1. **Maria, breit den Mantel aus,** / mach Schirm und Schild für uns daraus; / laß uns darunter sicher stehn, / bis alle Stürm vorübergehn. / Patronin voller Güte, / uns allezeit behüte.
2. Dein Mantel ist sehr weit und breit, / er deckt die ganze Christenheit, / er deckt die weite, weite Welt, / ist aller Zuflucht und Gezelt.
3. Maria, hilf der Christenheit, / dein Hilf erzeig uns allezeit; / komm uns zu Hilf in allem Streit, / verjag die Feind all von uns weit.
4. O Mutter der Barmherzigkeit, / den Mantel über uns ausbreit; / uns all darunter wohl bewahr / zu jeder Zeit in aller Gfahr.
(GL 595.)

1. **Rosenkranzkönigin, Jungfrau voll Gnade,** / lehre uns wandeln stets himmlische Pfade; / freudig erheben wir / unser Gebet zu dir, / Jungfrau, Jungfrau voll Gnade!
2. Rosenkranzkönigin, Mutter, du Reine, / gib, daß dir unser Herz ähnlich erscheine; / schirme uns allezeit / treulich in Kampf und Streit, / Mutter, Mutter, du Reine!
3. Rosenkranzkönigin, Fürstin, du hehre, / bitte bei deinem Sohn, daß er gewähre, / was von dem Himmel kommt / und uns zum Heile frommt, / Fürstin, Fürstin, du hehre!
(DT Mü. 859, Reg. 909.)

Lourdes – Treffpunkt der Nationen

1. **Sagt an, wer ist doch diese,** / die vor dem Tag aufgeht, / die überm Paradiese / als Morgenröte steht? / Sie kommt hervor aus Fernen, / geziert mit Mond und Sternen, / im Sonnenglanz erhöht.
2. Sie ist die edle Rose, / ganz schön und auserwählt, / die Magd, die makellose, / die sich der Herr vermählt. / O eilet, sie zu schauen, / die schönste aller Frauen, / die Freude aller Welt.
3. Du strahlst im Glanz der Sonne, / Maria, hell und rein; / von deinem lieben Sohne / kommt all das Leuchten dein. / Durch diesen Glanz der Gnaden / sind wir aus Todes Schatten / kommen zum wahren Schein.

(GL 588)

1. **Freu dich, du Himmelskönigin,** / – Freu dich, Maria! – / freu dich, das Leid ist all dahin. Halleluja. / Bitt Gott für uns, Maria.

2. Den du zu tragen würdig warst, / – Freu dich, Maria! – / der Heiland lebt, den du gebarst. Halleluja. / Bitt Gott für uns, Maria.
3. Er ist erstanden von dem Tod, / – Freu dich, Maria! – / wie er gesagt, der wahre Gott. Halleluja. / Bitt Gott für uns, Maria.
4. Bitt Gott für uns, so wird's geschehn, / – Freu dich, Maria! – / daß wir mit Christus auferstehn. Halleluja. / Bitt Gott für uns, Maria.
(GL 576.)

1. **Magnificat-Lied: Den Herren will ich loben,** / es jauchzt in Gott mein Geist; / denn er hat mich erhoben, / daß man mich selig preist. / An mir und meinem Stamme / hat Großes er vollbracht, / und heilig ist sein Name, / gewaltig seine Macht.
2. Barmherzig ist er allen, / die ihm in Ehrfurcht nahn; / die Stolzen läßt er fallen, / die Schwachen nimmt er an. / Es werden satt aufstehen, / die arm und hungrig sind; / die Reichen müssen gehen, / ihr Gut verweht im Wind.
3. Jetzt hat er sein Erbarmen / an Israel vollbracht, / sein Volk mit mächtgen Armen / gehoben aus der Nacht. / Der uns das Heil verheißen, / hat eingelöst sein Wort. / Drum werden ihn lobpreisen / die Völker fort und fort.
(GL 261. Melodie: »O Gott, nimm an die Gaben.«)

1. **Meerstern, ich dich grüße!** / O Maria, hilf! / Gottesmutter süße! / O Maria, Hilf! / Maria, hilf uns allen / aus unsrer tiefen Not!
2. Rose ohne Dornen. / Du von Gott erkorne!
3. Lilie ohnegleichen. / Dir selbst Engel weichen!
4. Quelle aller Freuden. / Trösterin im Leiden!
5. Hoch auf deinem Throne / aller Jungfraun Krone!
6. Gib ein reines Leben, / sichre Reis daneben!
7. Dich als Mutter zeige, / gnädig uns zuneige!
8. Nimm uns in die Hände, / uns das Licht zuwende!
9. Hilf uns Christus flehen, / fröhlich vor ihm stehen!
(DT Mü. 857, Aug. 880, Reg. 907, Ba. 889, Eich. 864.)

1. **Gegrüßet seist du Königin,** / o Maria, / erhabne Frau und Herrscherin, o Maria! / Freut euch, ihr Cherubim, lobsingt, ihr Seraphim, / grüßet eure Königin: / Salve, salve, / salve, Regina!
2. O Mutter der Barmherzigkeit, – du unsres Lebens Süßigkeit, –
3. Du unsre Hoffnung, sei gegrüßt, – die du der Sünder Zuflucht bist, –
4. Wir Kinder Evas schrein zu dir, – aus Tod und Elend rufen wir, –
5. O mächtige Fürsprecherin, – bei Gott sei unsre Helferin, –
6. Dein mildes Auge zu uns wend, – und zeig uns Jesus nach dem End, –
(GL 573)

1. **Nun, Brüder, sind wir frohgemut,** / so will es Gott gefallen! / Die Seelen singen uns im Blut; / nun soll ein Lob erschallen! / Wir grüßen dich in deinem Haus, / du Mutter aller Gnaden. / Nun breite deine Hände aus, / dann wird kein Feind uns schaden.
2. Es lobt das Licht und das Gestein / gar herrlich dich mit Schweigen. / Der Sonne Glanz, des Mondes Schein / will deine Wunder zeigen. / Wir aber kommen aus der Zeit / ganz arm in deine Helle / und tragen Sünde, tragen Leid / zu deiner Gnadenquelle.
3. Wir zünden froh die Kerzen an, / daß sie sich still verbrennen, / und lösen diesen dunklen Bann, / daß wir dein Bild erkennen. / Du Mutter und du Königin, / der alles hingegeben, / das Ende und der Anbeginn, / die Liebe und das Leben.
4. Laß deine Lichter hell und gut / an allen Straßen brennen! / Gib allen Herzen rechten Mut, / daß sie ihr Ziel erkennen! / Und führe uns in alle Zeit / mit deinen guten Händen, / um Gottes große Herrlichkeit / in Demut zu vollenden.
(DT Mü. 856, Reg. 899, Ba. 891, Wü. 895, Eich. 865.)

1. **Sei gegrüßt, du Gnadenreiche,** / in des Himmels Herrlichkeit! / Sei gegrüßt, du Engelgleiche, / aus dem Tale dieser Zeit!
2. Gnade ist dein ganzes Wesen, / gnadenvoll ist deine Hand. / Alles wird zum Heil genesen, / wenn es deine Güte fand.
3. Du hast uns das Licht geboren, / die Erlösung und das Heil. / Was vor Zeiten wir verloren, / ward uns neu durch dich zuteil.
4. Alles hast du einst empfangen, / was noch nie ein Mensch empfing. / Durch das Leid bist du gegangen, / wie noch keine Mutter ging.
5. Laß von deinem hohen Bilde / uns ein ferner Abglanz sein, / im Vertraun auf deine Milde / und erhellt von deinem Schein.
6. Bitte für uns, wenn die Sünde / uns in ihrem Banne hält, / daß die Seele heimwärts finde / aus der Fremde dieser Welt.

(DT Ba. 894, Eich. 862, Pa. 936, Reg. 908)

1. **Segne du, Maria,** segne mich, dein Kind, / daß ich hier den Frieden, dort den Himmel find! / Segne all mein Denken, segne all mein Tun, / |:laß in deinem Segen Tag und Nacht mich ruhn!:|
2. Segne du, Maria, alle, die mir lieb, / deinen Muttersegen ihnen täglich gib! / Deine Mutterhände breit auf alle aus, / |:segne alle Herzen, segne jedes Haus!:|
3. Segne du, Maria, jeden, der da ringt, / der in Angst und Schmerzen dir ein Ave bringt! / Reich ihm deine Hände, daß er nicht erliegt, / |:daß er mutig streite, daß er endlich siegt!:|
4. Segne du, Maria, unsre letzte Stund! / Süße Trostesworte flüstre dann dein Mund! / Deine Hand, die linde, drück das Aug uns zu, / |:bleib im Tod und Leben unser Segen du!:| (DT Reg. 906, Ba. 893, Wü. 896.)

1. **Christi Mutter stand mit Schmerzen** / bei dem Kreuz und weint' von Herzen, / als ihr lieber Sohn da hing. / Durch die Seele voller Trauer, / schneidend unter Todesschauer / jetzt das Schwert des Leidens ging.
2. Welch ein Schmerz der Auserkornen, / da sie sah den Eingebornen, / wie er mit dem Tode rang. / Angst und Jammer, Qual und Bangen, / alles Leid hielt sie umfangen, / das nur je ein Herz durchdrang.
3. Ach, für seiner Brüder Schulden / sah sie ihn die Marter dulden, / Geißeln, Dornen, Spott und Hohn, / sah ihn trostlos und verlassen / an dem blutgen Kreuz erblassen, / ihren lieben einzgen Sohn.
4. Drücke deines Sohnes Wunden, / wie du selber sie empfunden, / heilge Mutter, in mein Herz. / Daß ich weiß, was ich verschuldet, / was dein Sohn für mich erduldet, / gib mir teil an deinem Schmerz.
5. Christus, laß bei meinem Sterben / mich mit deiner Mutter erben / Sieg und Preis nach letztem Streit. / Wenn der Leib dann sinkt zur Erde, / gib mir, daß ich teilhaft werde / deiner selgen Herrlichkeit.
   (GL 584)

1. **Laßt uns erfreuen herzlich sehr,** Halleluja, / Maria seufzt und weint nicht mehr. Halleluja. / Verschwunden sind die Nebel all, Halleluja, / jetzt glänzt der lieben Sonne Strahl. Halleluja.
   Halleluja, Halleluja, Halleluja.
2. Wo ist, o freudenreiches Herz, Halleluja, / wo ist dein Weh, wo ist dein Schmerz? Halleluja. / Wie wohl ist dir, o Herz, wie wohl; Halleluja / nun bist du aller Freuden voll. Halleluja.
   Halleluja, Halleluja, Halleluja.
3. Sag an, Maria, Jungfrau rein, Halleluja, / kommt das nicht von dem Sohne dein? Halleluja. / Ach ja, dein Sohn erstanden ist; Halleluja, / kein Wunder, daß du fröhlich bist. Halleluja.
   Halleluja, Halleluja, Halleluja.

4. Aus seinen Wunden fließen her, Halleluja, / fünf Freudenseen, fünf Freudenmeer. Halleluja. / Die Freud sich über dich ergoß, Halleluja, / und durch dein Herz die Freude floß. Halleluja.
   Halleluja, Halleluja, Halleluja.
5. Dein Herz nun ganz in Freuden schwimmt, Halleluja, / und zu und zu die Freude nimmt. Halleluja. / Ach, nun vergiß auch unser nit, Halleluja, / und teil auch uns ein Tröpflein mit. Halleluja.
   Halleluja, Halleluja, Halleluja.
   (GL 585)

Neue geistliche Lieder

Kommt, sagt es allen Leuten, / ruft es in jedes Haus hinein, / kommt, sagt es allen Leuten, / der Herr wird mit uns sein.

1. Die Welt, in der wir leben, / die hat für alle Platz, / wir bräuchten nur zu lieben, / doch das fällt uns so schwer. (Refrain)
2. Die Welt, in der wir leben, / die hat für alle Brot, / wir bräuchten nur zu teilen, / doch das fällt uns so schwer. (Refrain)
3. Die Welt, in der wir leben, / trennt zwischen Schwarz und Weiß, / doch Christus kennt nur Brüder, / drum reißt die Mauern ein. (Refrain)
4. Die Welt, in der wir leben, / trennt zwischen Arm und Reich, / doch Christus kennt nur Brüder, / drum reißt die Mauern ein. (Refrain)
5. Die Welt, in der wir leben, / kennt Haß, Gewalt und Tod, / der Weg des Herrn ist anders, / drum ändert diese Welt. (Refrain)
6. Die Welt, in der wir leben, / kennt Ausbeutung und Neid, / der Weg des Herrn ist anders, / drum ändert diese Welt. (Refrain)

Laßt uns miteinander, laßt uns miteinander singen, loben, danken dem Herrn! / Laßt uns dies gemeinsam tun, / singen, loben, danken dem Herrn! / Singen, loben, danken dem Herrn, / singen, loben, danken dem Herrn, / singen, loben, danken dem Herrn, / singen, loben, danken dem Herrn.

Menschen auf dem Weg durch die dunkle Nacht, / habt Vertrauen, der Tag bricht an! / Christus hat der Welt das Licht gebracht. / Hebt die Augen und schaut ihn an.

1. Es wird Zeit, auf das Wort zu hör'n, / das von Gottes Reich spricht, / es wird Zeit, auf die Kraft zu bau'n, / die das Dunkel zerbricht. (Refrain)
2. Es wird Zeit, daß die Angst vergeht, / die uns täglich bedrängt, / es wird Zeit, daß die Freude wirkt, / die uns Christus geschenkt. (Refrain)
3. Es wird Zeit, daß wir Frieden sä'n, / weil die Hoffnung sonst stirbt, / es wird Zeit, daß die Liebe wächst, / weil der Mensch sonst verdirbt. (Refrain)
4. Es wird Zeit, daß der Heil'ge Geist uns're Herzen belebt, / es wird Zeit, daß bald seine Frucht an jedem Ort aufgeht. (Refrain)

1. **Gehet nicht auf in den Sorgen** dieser Welt, / suchet zuerst Gottes Reich! / Und alles andere wird euch dazugeschenkt. / Halleluja, halleluja.
   1. – 8. Halleluja, halleluja / halleluja, halleluja.
2. Ihr seid das Volk, das der Herr sich ausersehn, / seid eines Sinnes und Geistes. / Ihr seid getauft durch den Geist zu einem Leib. / Halleluja, halleluja.
3. Ihr seid das Licht in der Dunkelheit der Welt, / ihr seid das Salz für die Erde. / Denen, die suchen, macht hell den schweren Weg. / Halleluja, halleluja.
4. Liebet einander, wie euch der Herr geliebt, / er liebte euch bis zum Tode. / Er hat den Tod ein für alle Mal besiegt: / Halleluja, halleluja.

5. So wie die Körner, auf Feldern weit verstreut, / zu einem Brote geworden, / so führt der Herr die zusammen, die er liebt. / Halleluja, halleluja.
6. So wie der Morgen nach einer langen Nacht, / so wie ein Quell in der Wüste, / so ist das Wort, das uns dieser Tag gebracht: / Halleluja, halleluja.
7. Darum, ihr Freunde, in diesem weiten Rund: / ER, der den Taubstummen heilte, / öffnet die Ohren und öffnet euch den Mund. / Halleluja, halleluja.
8. Ihr seid das Licht, das die dunkle Zeit erhellt, / ihr seid die Hoffnung der Erde! / Kehrt um und glaubt und erneuert diese Welt! / Halleluja, halleluja.

(Winfried Pilz)

Laudato si – Sonnengesang

Laudato si, o mi Signore, / laudato si, o mi Signore, / laudato si, o mi Signore, / laudato si, o mi Signore.

1. Sei gepriesen für alle deine Werke! / Sei gepriesen für Sonne, Mond und Sterne! / Sei gepriesen für Meer und Kontinente! / Sei gepriesen, denn du bist wunderbar, Herr! (Refr.)
2. Sei gepriesen für Licht und Dunkelheiten! / Sei gepriesen für Nächte und für Tage! / Sei gepriesen für Jahre und Sekunden! / Sei gepriesen, denn du bist wunderbar, Herr! (Refr.)
3. Sei gepriesen für Wolken, Wind und Regen! / Sei gepriesen, du läßt die Quellen springen! / Sei gepriesen, du läßt die Felder reifen! / Sei gepriesen, denn du bist wunderbar, Herr! (Refr.)
4. Sei gepriesen für deine hohen Berge! / Sei gepriesen für Fels und Wald und Täler! / Sei gepriesen für deiner Bäume Schatten! / Sei gepriesen, denn du bist wunderbar, Herr! (Refr.)
5. Sei gepriesen, du läßt die Vögel kreisen! / Sei gepriesen, wenn sie am Morgen singen! / Sei gepriesen für alle deine Tiere! / Sei gepriesen, denn du bist wunderbar, Herr! (Refr.)

6. Sei gepriesen, denn du, Herr, schufst den Menschen! / Sei gepriesen, er ist dein Bild der Liebe! / Sei gepriesen für jedes Volk der Erde! / Sei gepriesen, denn du bist wunderbar, Herr! (Refr.)
7. Sei gepriesen, du selbst bist Mensch geworden! / Sei gepriesen für Jesus, unsern Bruder! / Sei gepriesen, wir tragen seinen Namen! / Sei gepriesen, denn du bist wunderbar, Herr! (Refr.)
8. Sei gepriesen, er hat zu uns gesprochen! / Sei gepriesen, er ist für uns gestorben! / Sei gepriesen, er ist vom Tod erstanden! / Sei gepriesen, denn du bist wunderbar, Herr! (Refr.)
9. Sei gepriesen, o Herr, für Tod und Leben! / Sei gepriesen, du öffnest uns die Zukunft! / Sei gepriesen, in Ewigkeit gepriesen! / Sei gepriesen, denn du bist wun derbar, Herr! (Refr.)

(Kehrvers: Sonnengesang des hl. Franziskus; deutscher Text: Winfried Pilz)

1. **Er hält mein Leben in der Hand,** / er schuf den Himmel, Meer und Land, / er schuf die Berge und den Strand, / er hält mein Leben in der Hand.
2. Er lenkt die Erde wunderbar, / er schenkt uns Sonne hell und klar, / er gibt uns Regen Jahr für Jahr, / er lenkt die Erde wunderbar.
3. Er hält mein Leben in der Hand, / er hält dein Leben in der Hand, / er hält die Erde in der Hand, / er hält uns alle in der Hand.
4. Er schützt den Sperling auf dem Baum, / er kennt den Käfer am Waldessaum, / er liebt die Lilien auf dem Feld, / er schützt das Leben in der Welt.
5. Er ist der Glaube Tag für Tag, / er ist die Liebe Tag für Tag, / er ist die Hoffnung Tag für Tag, / er segnet uns an jedem Tag.
6. Er hält mein Leben in der Hand, / er hält dein Leben in der Hand, / er hält die Erde in der Hand, / er hält uns alle in der Hand.

Quellenverzeichnis

Die *Ständige Kommission für die Herausgabe der gemeinsamen liturgischen Bücher im deutschen Sprachgebiet* erteilte für die aus diesen Büchern entnommenen Texte die Nachdruckerlaubnis. Die darin enthaltenen biblischen Texte sind Bestandteil der von den Bischofskonferenzen des deutschen Sprachgebietes approbierten Einheitsübersetzung der Hl. Schrift.

»action 365«, Frankfurt a. M.
Aus »Beten im Alltag«: S. 66, 67

Bernward-Verlag, Hildesheim
Aus »Antennen«: S. 64, 134

Bischöfliches Jugendamt, Würzburg
S. 188

Bischöfliches Ordinariat, Eichstätt
Aus Gebetbuch »Maiandachten«:
S. 116, 118, 120, 124, 126

Christophorus-Verlag, Freiburg i. Br.
»Selig, die bei dir wohnen«.
Kehrvers Michael Müller: S. 60
»Vertraut auf den Herrn«.
Kehrvers Michael Müller: S. 61
»Der Herr ist unser Friede«.
Kehrvers Heinrich Rohr: S. 62
»Du schweigst, Herr«. Text Maria Luise Thurmair. Melodie Bertold Hummel.
Aus »Kirchenlied II«: S. 140
»Lob sei dem Herrn«. Text Erhard Quack u. Manuel Thomas. Aus »Laßt uns loben«: S. 175
»Das Geheimnis laßt uns künden« GL 544
Text: Maria Luise Thurmair: S. 98
»Lobe, Zion, deinen Hirten« GL 545
Text: Maria Luise Thurmair: S. 100
»Alles meinem Gott zu Ehren« GL 615
Text Str. 2 und 3: Georg Thurmair: S. 161
»Heilig ist Gott in Herrlichkeit« GL 469
Text: Erhard Quack: S. 163
»Wir weihn der Erde Gaben« GL 480
Text: Petronia Steiner: S. 164
»Ein Haus voll Glorie schauet« GL 639
Text Str. 2–5: Hans W. Marx: S. 173
»O Jesu, all mein Leben« GL 472
Text Str. 2: Georg Thurmair: S. 163
»Nun, Brüder, sind wir frohgemut«
Text: Georg Thurmair: S. 185
Aus »Kirchenlied I«
»Den Herren will ich loben«
Text: Maria Luise Thurmair: S. 184
Aus »Kirchenlied II«

Erzbischöfliches Ordinariat, Bamberg
Aus Bamberger Diözesanteil von »Gotteslob«: S. 150, 173

Franziskanerkloster Vierzehnheiligen
Aus »Kirche unterwegs«: S. 55, 77, 88–96, 129, 130, 131, 132, 134, 136, 137, 138, 139–152, 156

Verband der Diözesen Deutschlands, Bonn
S. 42

Verlag Herder, Freiburg i. Br.
Aus »Sonntags-Schott für das Lesejahr A«: S. 133
Aus Ravier/Loose, »Bernadette Soubirous«: S. 23

Chr. Kaiser Verlag, München
Dietrich Bonhoeffer, »Widerstand und Ergebung«. Chr. Kaiser München 1977^2: S. 134

Kath. Bibelanstalt, Stuttgart
Aus »Gotteslob«: S. 60, 61, 62, 125, 132, 136, 155, 158, 159

Rudolf Krawinkel, Münster
S. 154

Dr. Anneliese Lissner, Monheim-Baumberg
S. 127

Prof. Dr. Hans B. Meyer SJ, Innsbruck
S. 156, 158, 160

Œuvre de la Grotte, Lourdes
S. 98, 100, 102, 104, 106, 108, 109

Ständige Kommission für das »Gotteslob«, Bonn
Aus »Gotteslob«: S. 56, 86, 87, 88, 111, 114, 115, 116, 135, 161, 174

Ständige Kommission für die Herausgabe der gemeinsamen liturgischen Bücher im deutschen Sprachgebiet, Trier
Aus »Stundenbuch«: S. 57, 63, 64
Aus »Lektionar – Die Feier der hl. Messe«: S. 70, 72, 73, 74, 75, 76
Aus »Lektionar zum Stundenbuch I/2, Fastenzeit«: S. 152
Aus »Die Feier der Kindertaufe«: S. 153

Uni-Druck, Novotny & Söllner, München
S. 58

Winfried Pilz, Odenthal-Altenberg
S. 189, 190

P. Diethard Zils, Köln
S. 170